세상을 바꾸는
여성 엔지니어 13

창업 · 융합

창업 · 융합
# 세상을 바꾸는 여성 엔지니어 13

**초판 1쇄 인쇄일** 2018년 11월 10일
**초판 1쇄 발행일** 2018년 11월 15일

**지은이** (사)한국여성공학기술인협회 www.witeck.or.kr
　　　　 서울특별시 강남구 테헤란로 305 한국기술센터 15층
　　　　 witeck@witeck.or.kr
**펴낸이** 양옥매
**디자인** 임홍순, 표지혜
**교　정** 조준경

**펴낸곳** 도서출판 책과나무
**출판등록** 제2012-000376
**주소** 서울특별시 마포구 방울내로 79 이노빌딩 302호
**대표전화** 02.372.1537　**팩스** 02.372.1538
**이메일** booknamu2007@naver.com
**홈페이지** www.booknamu.com
**ISBN** 979-11-5776-635-2(03330)

이 도서의 국립중앙도서관 출판시도서목록(CIP)은 서지정보유통지원 시스템
홈페이지(http://seoji.nl.go.kr)와 국가자료공동목록시스템
(http://www.nl.go.kr/kolisnet)에서 이용하실 수 있습니다.
(CIP제어번호 : CIP2018034430)

* 이 책은 2018년 산업통상자원부의 지원을 받아 (사)한국여성공학기술인협회와
　한국산업기술진흥원이 발간하였습니다.

창업 · 융합

# 세상을 바꾸는
# 여성 엔지니어 13

(사)한국여성공학기술인협회 펴냄

책과나무

세상을 바꾸는 여성 엔지니어 13
: 창업 이야기

　올해로 창립 14주년을 맞이한 우리 협회는 현재 약 1,750여 명의 회원을 보유하고 있는데, 이들 중 약 76%가 산업체 및 연구소 등에서 근무하는 산업 현장 중심의 국내 유일한 여성단체입니다. 우리 협회는 세상을 이끌어 갈 주도적 여성 공학인 양성과 가족 친화적 사회·기업 환경 구축을 통한 경쟁력 강화를 비전으로, 이를 달성하기 위해 우수 여성 인력 양성, 일자리 창출 및 취업 연계, 일과 가정 양립정책 발굴, 여성의 지위 향상 및 역량 제고, 여성 리더 양성 등을 목표로 선도적인 역할을 수행하고 있습니다.

　최근에는 4차 산업혁명 시대의 흐름에 부응하여 산학연관 공조체제 하에 산업 생태계 조성 및 일자리 창출을 위해 대내적으로는 취·창업 관련 재교육, 컨설팅, 취업연계 등 회원 서비스 강화를, 대외적으로 산업통상자원부와의 채널을 공고히 하고 중소벤처기업 인력 공급 등 우리 협회와 직결된 산업체와의 유기적인 동반 성장 체제를 확립하는 한편, 유관기관과의 공동 R&D 및 제도 개선을 위한 정책 발굴 등 협조체제를 구축하고 있습니다.

　현재 우리 협회는 산업통상자원부 지원하에 여성 인력의 산업현장

진출 활성화를 위해 취·창업 및 경력 단절 후 재취업의 어려움을 겪고 있는 이공계 여성 인력을 대상으로 바이오헬스케어 정보관리 과정 등 4차 산업혁명 시대의 인력난에 대비한 전문 아카데미 재교육 과정 운영 및 중소벤처기업체와의 인턴십 및 채용 연계로 경력 복귀를 촉진하고 있습니다. 경력 단절 예방 차원에서 경력지킴이 커리어코칭 프로그램을 운영함으로써 여성의 리더십 강화 및 성공적인 경력 개발을 유도하고 있습니다.

한편, 우리 협회는 우수 여성 인재의 가치를 확산하고 이공계 여성 인력 육성 차원에서 공학기술 분야에 도전한 여성 공학기술인들의 삶을 소개하는 『세상을 바꾸는 여성엔지니어』 책자를 매년 발간하여 전국의 국공립 도서관 및 중·고등학교에 무료 배포함으로써 미래 여성 공학인의 역할 모델을 제시하는 등 산업기술 문화조성 사업을 전개하고 있습니다.

금번 발간되는 『세상을 바꾸는 여성 엔지니어 13』에서는 4차 산업혁명 시대의 흐름에 병행하여 여성 엔지니어들의 창업 이야기를 꺼내 놓았습니다. 창업에 관심 있는 학생들에게 창업진로 지도를 하는 교사, 자녀들에게 유망 분야를 권장하고 싶은 학부모, 공학 계열로 진학한 공과대학 여학생들, 그리고 공학 분야에서 경력을 쌓기 시작한 젊은 여성 공학인을 위한 책입니다. 동시에 공학 분야뿐 아니라 다양한 분야에서 창업에 관심을 가지고 준비하는 스타트업 여성들을 위한 자기 계발서로도 활용될 수 있습니다.

여성 공인인 육성 및 산업현장 참여 확대는 4차 산업혁명 시대의 선택이 아닌 필수 생존 전략입니다. 제4차 산업혁명 시대의 진정한 승자는 이공계 여성 인력을 얼마나 효과적으로 활용하는가에 달려 있습니다. 이 책이 보다 많이 여학생들이 공학을 선택하고 국가의 산업 발전에 이바지할 수 있는 훌륭한 공학인으로 성장하는 데 도움이 되기를 바랍니다.

마지막으로, 『세상을 바꾸는 여성 엔지니어 제13권』 출판을 위해 각계각층에서 자신의 역할을 감당하고 있는 20인의 저자들께 진심으로 감사드립니다. 또한 이 책의 출판을 위해 애써 주신 협회 임직원과 도서출판 책과나무 양옥매 대표께 깊은 감사를 드립니다.

2018년 11월

(사)한국여성공학기술인협회 회장 정경희

# 차례

# CHAPTER **01**

## 꿈을 향해 도전하는 삶

# CHAPTER **02**

## 함께 성장하는 창업의 길

CHAPTER **03**

# 소통하며 진화하는 융합 이야기

# 미래의 여성 공학인을 위한 조언

권진아  황예진 방현지

유현선  최여선

CHAPTER_ **01**

# 꿈을 향해
# 도전하는 삶

꿈을 향한 멈추지 않는
도전과 열정

권 진 아
GeneOne Life Science, Inc. 신약개발본부 Associate Director

● 　서울대학교 분자생물학과에서 석사 및 박사 학위를 취득한 후 2003년부터
Massachusetts Institute of Technology(MIT)에서 Postdoctral Associate/Fellow
을 거쳐 Research Faculty로 약 10년간 근무하였다. MIT 재직 기간 중 Z-DNA의 생
물학적 기능을 밝히는 연구를 수행하였으며, 그 업적으로 2010년 Marquis Who's Who
in America에 등재되었다. 또한, 2005년부터 Journal of Biochemical Technology
의 Editor 및 American Association for Cancer Research(AACR)와 American
Society for Biochemistry and Molecular Biology(ASBMB)의 Member로도 활
동 중이다. 2014년부터 Howard Hughes Medical Institute(HHMI)의 Research
Specialist II로서 St. Jude Children's Research Hospital에서 Translational
Medicine 연구를 수행하였으며, 최근 GeneOne Life Science Inc.의 신약개발본부
Associate Director로 부임하여 메르스, 지카, HCV DNA 백신의 임상 연구 및 DNA
기반 항체/단백질 치료제와 백신 개발을 담당하고 있다. 현재 서울 아산병원 비임상개발센
터 자문위원 및 한국 유전자세포치료학회 학술위원으로도 활발히 활동하고 있다.

# 만 27세 철부지 이학 박사 ____.

"오랫동안 꿈을 그리는 사람은 마침내 그 꿈을 닮아 간다."
      – 앙드레 말로(Andre Malraux)

2002년 월드컵, 전 국민이 하나가 되어 응원을 펼치던 뜨거운 열기 속에 독일과의 준결승전 경기가 있었던 6월 25일 오후 서울대학교 20동의 한 강의실.

"박사 학위를 받은 후 어떤 일을 하고 싶고, 어떻게 본인의 학위가 의미 있게 쓰이길 바랍니까?"

그동안의 연구 결과를 토대로 박사 학위 과정을 마무리하는 박사 학위 논문 최종 심사 자리에서 대선배님이자 심사위원님들 중 한 분이셨던 한 교수님께서 나에게 이렇게 질문하셨다. 지금에 와서 생각해 보면 아무것도 모르던 만 27세의 초보 예비 박사였던 나는 너무나도 당돌하게, 단 1초의 망설임도 없이 정년을 앞두신 지도교수님을 비롯하여 네 분의 연세 지긋하신 심사위원님들을 향해 이렇게 답하였다. 마치 나의 미래를 예견이라도 한 듯….

"저는 순수학문을 추구하는 학자가 되기보다 제 연구의 결과가 인류의 질병 치료 및 예방을 위해 쓰일 수 있도록 응용 학문을 더 공부하고 싶고, 궁극적으로 제 연구 결과가 신약 개발, 바이러스 퇴치 등에 의미 있게 이용되었으면 합니다."

박사 학위 후 학자의 길을 권유하셨던 지도 교수님과 심사위원님들께서 나의 예상 밖의 대답에 조금은 당황하신 듯 한동안의 침묵의 시간이 흘렀고, 그렇게 박사 학위 최종 심사를 마치고 나는 부족하지만, 감사하게도 2년 6개월의 박사 과정을 마친 후 2002년 8월 이학박사 학위를 수여받았다. 당시 총 3회에 걸친 나의 박사 학위 논문 심사 일정은 한국의 중요한 월드컵 경기 일정과 늘 겹쳤기에 오랜 시간이 흐른 지금도 내 기억에 생생히 남아 있다.

## 내 인생의 멘토 Dr. Rich를 만나다 ____.

2015년 늦가을 11월 8일, 내 인생의 영원한 멘토이자 존경하는 Dr. Alexander Rich의 Memorial 행사에 참석하기 위해서 나는 나의 두 아이들과 함께 보스턴을 떠난 지 1년 반 만에 다시 케임브리지를 찾았다.

Dr. Alexander Rich(1924. 11. 15~2015. 4. 27)

2015년 4월 27일, 보스턴의 Massachusetts General Hospital(MGH)에서 90세의 일기로 타계하신 Dr. Alexander Rich(1924. 11. 15 ~ 2015. 4. 27)는 Left-handed Z-DNA와 tRNA의 구조를 처음으로 밝혀낸 저명한 구조생물학자이자 생물물리학자로, 1958년부터 MIT 교수로 재직하시며, 평생을 DNA와 RNA의 분자 구조 및 기능과의 상관성에 관해 연구하신 분이다.

2014년 초 10여 년의 오랜 기간 머물렀던 MIT를 떠나 HHMI Research Specialist로 일하게 된 St. Jude Children's Research Hospital이 있는 멤피스로 자리를 옮기고도 나는 Dr. Rich께 꾸준히 전화로 안부를 여쭈었다. 돌아가시기 두 달 전까지도 마지막 논문 작성을 위해 연구소로 나가셨고, 입원하신다는 말씀은 들었지만 가끔 입원하셨어도 늘 다시 회복하셔서 복귀하셨기에, 그분의 부고를 접하고 한동안 허망함과 상실감으로 아무것도 할 수 없었던 기억이 난다.

2008년 MIT, Department of Biology에서 Dr. Rich와 함께

MIT에서 공식적으로 주최한 며칠에 걸친 Dr. Rich의 Memorial 행

사 기간 동안 전 지역에서 고인의 수많은 지인들, 동료들 및 제자들이 자비로 참석하셔서 가족과 함께 고인과의 추억이 깃든 사진과 이야기를 웃으며 나누셨다. 그 가운데 2008년 Welch Award in Chemistry 영상 속 수상자이셨던 고인과 함께한 내 모습이 보이자, 참석하셨던 분들께서 고인의 연구실 마지막 연구원이었던 나를 향해 박수를 쳐 주셨고 영광스럽게도 저명하신 분들 앞에서 고인과 나눈 나의 작은 추억 또한 공유할 시간을 가질 수 있었다.

돌아가신 후 이토록 많은 분들이 당신을 그리워하며 행복하게 추억하는 모습을 보며, 앞으로의 나의 삶과 평생을 함께할 친구와 동료들에 대해서도 진지하게 고민했던 시간이었다. 시간이 흐른 지금도 머릿속에 또렷하게 남은 내 인생의 멘토 Dr. Rich의 말씀은 "Science Should Be Fun".

사실 당시 나는 이미 박사 학위를 받자마자 바로 일을 시작할 수 있는 조건으로 Harvard Medical School, National Institutes of Health(NIH), Albert Einstein College of Medicine 등 몇 군데 각 분야 유명한 연구실로부터 offer들을 받아 놓은 상태였기 때문에, 일 시작 시기와 지역 등 여러 상황들을 놓고 행복한 선택의 고민을 하던 중, MIT, Department of Biology의 구조생물학의 대가 Dr. Rich의 연구실에서 Postdoctoral Associate position으로 일을 시작하기 위해 2003년 이른 봄 보스턴으로 향하는 미국행 비행기에 몸을 실었다.

최종 결정이 내려지기 전까지 꽤 오랜 시간 많은 고민 끝에 모든 것을 뒤로하고 Dr. Rich 연구실행을 선택하였던 결정적 이유는 좋은 offer의 조건 외에, 이국땅에 혼자 도착할 초보 연구원을 위해 MIT

2003년 Dr. Rich 연구실 멤버들과 함께한 저녁 식사

Campus 안 연구소 가까이에 위치했던, 당신이 무척이나 좋아하셨던 Kendall Hotel에 친히 거처가 정해질 때까지 숙소를 미리 잡아 주신 따스한 배려 때문이었다.

눈이 채 녹지 않은 2003년 첫 출근 날, 연구실에 있던 나이 지긋한 외국인 연구원들과 학생들, 교환학생들, 따스한 엄마 같으셨던 비서 할머니 Carolyn, 그리고 내 생애 멘토이시자 MIT에서의 12년 동안 할아버지처럼 인자한 모습으로 나에게 물심양면 큰 힘이 되어 주신, 이제는 고인이 되신 Dr. Rich께서 너무나도 따뜻이 환영해 주셨고, 그렇게 시작된 나의 MIT Life는 이제와 돌이켜 보면 매 순간 행복으로 충만하였던 감사한 시간이었다.

그분의 연구실에 있으며 나는 진정한 학자의 의미와 학문을 대하는 자세, 세상 그 어떤 것과도 비교되어서는 안 되는 가족의 절대적 소중함, 그리고, 아름다운 인간관계의 맺음과 유지의 중요성을 배웠다.

2011년 Dr. Rich 댁에서 가족과 함께

이것은 감히 이후 내 삶을 변화시킨 인생의 절대적인 지침이 되었다고 생각한다.

Dr. Rich의 연구실에서 근무하는 기간 동안, 당시 내 연구 결과에 대한 Proceedings of the National Academy of Sciences of the United States of America(PNAS) 논문과 학회 발표, 공동 연구 등을 진행하였던 인연 등이 계기가 되어 MIT Campus 주변의 크고 작은 biotech company, 제약회사 등을 비롯하여 industry에서 근무할 수 있는 기회들을 제의받은 적이 있었다. 솔직히 나에게는 박사 학위 후 꿈의 실현에 한 걸음 다가갈 수 있는 강한 유혹이었기에 그것을 뿌리치기란 쉽지 않은 일이었다.

그러다 근무 3년이 채 못 되었을 때, promotion을 앞두고 고민을 거듭하다 Dr. Rich께 이직의 뜻을 진지하게 상의 드린 일이 있었다. 그때 Dr. Rich께서는 "Industry는 전쟁과도 같은 곳이다. 네 자신이 충분히 하고 싶은 일을 원하는 대로 할 수 있는 academia나 non-profit research institutes에 남도록 하거라. 그리고 나는 내가 연구실을 close할 때까지 마지막까지 너와 같이하였으면 한다."고 진심을 담아 말씀하셨다. 이후 나는 그 약속을 지켰고, 단 한 번도 다른 곳으로의 이직을 마음에 담은 적이 없었다.

2012년 겨울, 한국에서의 긴 휴가를 마치고 돌아오니 Dr. Rich께서 MGH에 입원을 해 계신다고 하셔서 병실로 찾아뵈니 아들 Jody와 손자 Cyrus가 그의 곁에 있었다. 병색이 완연하셨지만, 밝은 모습으로 노래도 부르시고 농담도 하셨으며 걱정 말라고 곧 연구실에서 보자고 하셨다.

그러나 이후 몇 달 동안 Dr. Rich를 연구소에서 뵐 수 없었다. 퇴원을 하시고도 건강이 무척 좋지 않으셨던 Dr. Rich는 어느 날 나를 Porter Square에 있는 당신의 집으로 부르셨다. 이날 Dr. Rich는 자신의 건강 상태가 좋지 않아 만약의 경우 자신이 다시는 연구소로 돌아가지 못할 경우를 생각해서 본인이 손수 준비하신 나를 위한 추천서 봉투를 내미시며, 추천서의 작성일은 비워 둘 테니 언제든 필요할 때 유용하게 써서 내 앞길에 도움이 되길 바란다고 하셨다.

친절하게도 나에게 주신 추천서들은 academia, non-profit research institutes, industry용으로 각각 따로 준비되어 있었다. 그리고 Dr. Rich는 끝까지 연구소에 남아 함께하자 하셨던 당신과의 약속을 지킨 나에게, 본인의 건강상의 이유로 최대한 오래도록 그 약속을 지켜 주지 못함이 미안하다고 하셨다. 추천서 봉투를 들고 집으로 돌아오는

2008년 MIT 연구실(좌)과 AACR Annual Meeting 리셉션에서(우)

차 안에서 감사함과 안타까움으로 참으로 많은 눈물을 흘렸던 그날의
기억이 주마등처럼 스쳐 지나간다.

이렇게 나는 연구실의 마지막을 함께하겠다는 Dr. Rich와의 약속
을 지키고 그분의 지지로, 내 인생의 또 다른 도전인 Translational
Medicine 연구를 위해 Howard Hughes Medical Institute Investigator
이자 Tumor Cell Biology의 대가이신 Dr. Charles Sherr를 만나게 되
었고, 일사천리로 일이 진행되어 낯선 멤피스의 St. Jude Children's
Research Hospital로 HHMI 연구원의 최고 조건으로 자리를 옮기게
되었다.

감사하게도 Dr. Sherr는 내가 원하는 Translational Medicine 연구
를 경험할 수 있도록, Dr. Martine Roussel과 공동으로 연구를 진행
할 수 있는 가교를 만들어 주셨고, 많은 새로운 실험적·학문적 경험
의 기회와 내 연구를 도와줄 postdoc들과 테크니션들 및 병원 내 임

상 의사들을 비롯한 여러 공동연구 인맥을 무한 제공해 주셨다.

그리하여 당시 떠오르는 새로운 CRISPR/Cas9 technology을 이용하여, 향후 많은 drugs의 preclinical studies를 위해 사용될 수 있을 것으로 기대되는, 대표적인 소아 악성 뇌종양인 수모세포종(Medulloblastoma)의 mouse model을 만들었으며, 최근 그 결과를 Scientific Reports에 기재하였다. 이로 인하여 나 자신은 기초와 임상 연구를 연결할 수 있는 translational medicine 분야와 cancer stem cell 연구 분야의 전문 연구자로 한 걸음 다가서는 발판을 마련하게 되었다.


## 평생의 친구 & 학문적 동지들을 만나다 ____•

" '친구'는 '자유'라는 의미를 가진 말에서 유래되었습니다. 친구란 우리에게 쉴 만한 공간과 자유로움을 허락하는 사람입니다."- 데비 엘리슨

MIT에서의 12년의 시간은 수많은 만남의 인연을 나에게 주었으며, 특히 평생의 친구이자 학문적 동지들을 만날 수 있었던 소중한 기회를 선물해 주었다. 이후 멤피스로 자리를 옮기고 한국으로의 귀국 전까지도 MIT Visiting Scientist로서 계속적으로 새로이 많은 분들과도 연을 맺고 그 관계를 유지해 오고 있지만, 수많은 인연들 중 서로의 가족사를 챙기며, 수시로 안부를 주고받고, 학문적으로, 인간적으로 도움이 필요할 때 언제든지 도움을 주고 있는 평생의 친구들이 있어 많은 위로와 행복을 느낀다.

2003년 Dr. Rich 연구실에서 첫 인연이자 최고의 친구인 대학교수를 거쳐 NIH의 Director가 된 Stefan Mass을 비롯하여, MIT의 교수인 Thomas, 포르투갈의 연구소에서 자신의 연구 활동을 하고 있는 Alekos, postdoc 연구원에서 이제는 신학자의 길을 걷고 있는 Ben, 교환학생이었던, 이제는 엄연한 바이오 벤처 사업가가 된 Michael, 모든 소식통이 되어 주고 Dr. Rich의 산소를 방문할 때마다 사진을 찍어 보내 주는 고마운 MIT의 Shuguang, Dr. Robert Weinberg 연구실의 postdoc을 마치고 MD Anderson에서 교수로 연구 활동 중인 Mani 등등 모두 다 나열할 수는 없지만 이 모든 귀한 인연들이 있기에 참 행복하고 감사하다.

많은 친구를 사귀지는 않지만, 마음을 열고 다가가 친구가 된 이와는 오랫동안 깊은 우정을 나누어 오는 나에게 '친구'가 주는 의미는 참으로 크다. "세상에서 가장 위대한 승리는 사람의 마음을 얻는 것이며, 참된 친구를 갖는다는 것은 또 하나의 인생을 갖는 것이다."라는 스페인의 철학자 발타자르 그라시안의 말처럼, 나는 이렇듯 소중한 이들로 가득한 또 하나의 아름다운 인생을 가진 행운의 주인공이라 생각한다.

## 또 다른 추억과 인연 in Memphis, St. Jude Children's Research Hospital ____.

2014년 4월, 미국 테네시주의 멤피스에 있는 St. Jude Children's

Research Hospital에서 시작된 연구원 생활은 Howard Hughes Medical Institute Investigator이자 department chair이셨던 Dr. Sherr의 도움으로 늘 하고 싶어 하던 translational medicine 연구를 포함하는 일에서도, 당시 만 2살 어린아이의 엄마로서의 삶 또한 완벽히 존중받았던 최상의 업무 환경의 혜택을 누린 시간이었다.

내가 살았던 미시시피강의 Mud Island는 멤피스가 위험할 것이라는 나의 편견을 깬 안전하고 매일 아름다운 정경이 눈앞에 펼쳐지는 평화로운 곳이었고, 병원에서도 무척 가까웠다. 연구 중심 병원이었던 St. Jude는 해마다 미국의 "일하기 좋은 100대 기업"에 뽑힐 만큼 훌륭한 근무 환경을 비롯하여, 연구하기에 감히 모든 것이 최적화된 곳이었다고 말할 수 있다. MIT도 그랬지만, 특히 St. Jude 내의 각종 shared resources & core facilities들은 너무나도 환상적이었다.

이곳에서의 약 3년의 시간 동안 나는 카리스마와 천재성, 그리고 따스함을 공유하신 존경하는 Dr. Sherr로부터 학문적 성장뿐 아니라 자신의 사람을 발견하고 내 사람으로 만드는 것의 중요함, 사소한 일에 대한 신경 끄기 기술이 필요함을, 여러 분야의 의사들 및 제약회사와의 교류를 통해 공동연구의 폭넓은 인맥을 보유하신 Dr. Roussel로부터의 임상연구에 관한 열정을 배웠으며, 감사하게도 나의 부족함보다 장점을 더 크게 봐주시고 많은 도움을 주신 두 분과의 인연은 아직까지도 계속되고 있다.

Dr. Sherr께서는 나의 organization 능력과 프레젠테이션 능력이 정말 탁월하다고 늘 엄지손가락을 치켜 주셨고, 나의 업무들에 대해서는 언제나 재확인은 필요 없는 완벽한 자료들이라는 강한 믿음과 신뢰를 보여 주셨다. 분명 나에게 많은 미흡한 점들과 단점도 있었을 텐데, 늘 좋은 면만을 봐 주시고, 칭찬을 해 주셨기에 "고래도 춤추게 하는 칭찬"의 효과로 나는 더 열심히 일할 수 있었던 것 같고, 바로 그러한 면이 오랜 연구 생활 중 내 스스로가 발견하지 못한 나만의 강점이었던 것 같다.

공동 연구를 진행하였던 Dr. Roussel께서도 여성 특유의 부드러운 카리스마로 늘 나에게 많은 조언과 큰 도움을 주셨으며, 잠깐이나마 그분을 통해 과학자, 연구가로서의 나의 미래를 상상해 보기도 하였다.

또한, St. Jude에서 연구 생활을 통해 많은 공동연구자들과 테크니션들을 만났고, 자매·남매의 우정과 연구 열정을 함께 나눈 Vo와 함께, 평생의 친구이자 서로의 삶의 조언가인 St. Jude faculty가 된 Liang을 만나게 되었다. "우정은 풍요를 더 빛나게 하고, 풍요를 나누고 공유해 역경을 줄인다."는 Cicero의 말처럼, 이들이 있었기에 나의 부족함이 채워질 수 있었고, 순탄하고 신속한 연구를 진행할 수 있었음에 감사한다.


## 내 인생의 Chapter Ⅱ.
## 하고 싶은 일을 위해 세상 밖으로 나가다____.

"위대한 것으로 향하기 위해 좋은 것을 포기하는 걸 두려워하지 마라."
— 존 록펠러

세상을 살아가면서 무엇이든 내가 마음먹은 대로, 내가 계획한 대로 모든 것이 이루어지지 않음을 경험한 적이 없었던 내 인생에 하나의 작은 변화가 찾아왔다. 바로 나의 둘째 아이가 태어난 것이다.

내가 HHMI의 Research Specialist로서 일하던 St. Jude가 있던 멤피스에서의 삶은 여유로웠으며, 나의 일 또한 MIT에서와 달리 철저히 분업화된 공동 연구로 내가 아이디어를 제공하면 수많은 테크니션들과 postdoc들이 신속하게 실험을 진행하였고, 결과의 분석은 각 분야의 전문가들이 하는 시스템 속에서 나는 중요 실험들과 프로젝트 Management를 하며 troubleshooting을 주로 진행하는 시간이 지속되자 나도 모르게 조금씩 일에 지루함이 느껴지기 시작하였다.

그런 중 둘째 아이 출산으로 인한 장기 출산 휴가를 통해 더욱 느슨해져 있던 나에게 Dr. Roussel과의 공동연구가 흥미롭게 진행되면서, 또 다른 직책의 제안과 함께 promotion에 대비할 외부 연수 계획이 줄줄이 잡혔고, 여기에 유명 제약회사의 Drug Screening 쪽 연구 제안들이 들어오면서 더욱 바빠지기 시작하였다.

그렇게 한참 엄마의 손길이 필요한 만 5세의 큰아이와 돌이 막 지난 둘째 아이를 돌보며 쏟아지는 업무 스케줄을 해 나가던 어느 날, 큰아이 학교의 가족 행사들에 참석하며 시민권자인 나는 한국으로의 귀국을 진지하게 고민하게 되었다. 남편과 나의 일로 인하여 2~3개월에 한 번씩 아빠와의 만남을 해 오던 내 아이들에게 "아빠에 대한 그리움"은 점점 커져 갔고, 아이가 성장할수록, 특히 만 5세 큰아이가 가족 행사가 너무나도 많았던 사립학교 생활에서 "아빠라는 존재의 부재"로 인해 느낀 서운함의 정도가 내가 막연히 생각해 오던 그 이상이었음을 느꼈을 때의 그 가슴 시림이란….

친정 부모님, 특히 친정어머님의 절대적인 사랑과 도움 속에 워킹맘을 둔 내 아이들이 부족함이 없이 커 나가고 있음에 매일매일 감사를 드리고 지냈던 때에, 결정적으로 아이가 매일 저녁 "Finger Family" 노래를 부르며 그린 그림 속 아빠 손가락에 서툰 글씨로 아빠에 대한 그리움을 표현하는 모습을 지켜보며 난 더 이상의 고민이나 주저 없이 이 또한 나의 운명이라 생각하며 한국행을 결정하였다.

솔직히 HHMI의 promotion을 앞둔 상태에서 St. Jude에서의 나의 연구들을 완벽하게 마무리 지어 논문으로 완성하지 못하고 개인적인 사유로 사직서를 쓴다는 것은 나에게는 있을 수 없는 일이라 생각했지만, "세상 그 무엇과도 바꿀 수 없는 가족을 위해서"라는 나의 명분은 보스이신 Dr. Sherr도, 또 나와 함께할 또 다른 plan들에 흥분하며 기뻐하셨던 Dr. Roussel께서도 당신들께는 아쉽고 서운하지만 본인들의 일처럼 가슴 아파 하시며 나의 한국행을 지지할 수 있는 이유가 되어 주었다. 두 분 모두 학자이기 이전에, 누군가의 부모이셨기 때문에….

나의 보스셨던 Dr. Sherr께서는 종종 이 문제로 고민을 상담할 때마다 여러 해결책을 마련해 주셨고, 최대한 도움을 주시다 완고한 나의 결정에 6개월의 반려 기간을 거쳐 결국 출국 일주일 전 나의 사직서를 HHMI측에 전달하시며, "언제든지 다시 돌아오길 희망한다"하시며 마지막 출근일에 송별회를 열어 주셨다.

2016년 겨울, 나는 14년의 미국 생활을 마무리하고 한국으로의 귀국을 결정하며, 가족과 함께 내 마음속 고향인 보스턴을 방문하였다. 내가 살던 곳, 나와 가족의 추억이 담긴 주변의 모든 곳들을 최대한 일일이 돌아보는 2주가 조금 넘는 여행은 지금까지의 내 일생의 가장 기억에 남는 여행이었다.

여행의 마지막으로 보스턴을 떠나기 전, 친손주처럼 이뻐하셨던 내 큰아이와 함께 내 인생의 멘토 Dr. Rich께서 묻히신 Mount Auburn Cemetery를 방문하여 작별 인사를 드렸다. 보스턴 시내가 한눈에 내려다보이는 곳에 고인의 유언을 따라 비석 하나 표지 하나 없는 그곳에 계시는 나의 멘토의 음성이 들리는 듯했다. 고인이 즐겨 하셨던 말씀 "Why not", "가족은 세상 그 무엇과도 비교되어선 안 된다", 그리고, 그가 즐겨 부르셨던 노래 "즐거운 나의 집"과 함께….

> "성공적인 삶의 비밀은 무엇을 하는 게 자신의 운명인지 찾아낸 다음 그걸 하는 것이다." – 헨리 포드

내 마음속으로 한국행을 결정하고 출국 시기를 생각하던 중, 나는 또 하나의 예상치 못한 운명 같은 이끌림으로 지카, 메르스 등의 DNA 백신 개발로 전 세계의 주목을 받고 있는 GeneOne Life Science, Inc.에 신약개발본부 Associate Director로 합류하게 되어 그토록 하고 싶었던 바이러스 예방 및 치료 백신 전임상 및 임상 개발과 신약 개발 관련 업무를 담당하게 되었다.

나의 오랜 꿈이었던 "전임상과 임상을 아우르는 폭넓은 연구 경험을 가진 전문가"로서의 중요한 기반이 될 새로운 도전, 기초 학문 연구에서 기초와 임상을 중개하는 translational medicine 연구 경험을 거쳐 신약 개발의 마지막 단계라 감히 말할 수 있는 clinical trails의 제반

업무들을 수행하게 될, 앞으로의 내 인생의 Chapter Ⅱ가 너무나도 기다려진다.

아직은 그 나아갈 길이 멀고, 또 미흡한 점이 많지만, 내 속의 무한 잠재력을 이끌어 낼 수 있는 역량을 높이고자 CRA 업무를 수행할 수 있는 자격 또한 갖췄으며, 지금까지 내가 그랬듯 늘 나에게 주어진 상황에서 최선의 결과를 얻을 수 있도록, 초보자의 마음으로 돌아가 끊임없이 새로운 임상 연구 분야를 연구하고 배우며 내 스스로를 찬찬히 다져 나갈 것이라 다짐해 본다.

비록 아직 나는 성공을 향해 노력해 나가는 단계이지만, "오랫동안 꿈을 그리는 사람은 마침내 그 꿈을 닮아 간다."는 앙드레 말로의 말을 믿기에 오늘도 나는 내 꿈을 향해 부단히 노력하고 있다.

2017년 NIH Clinical Center에서

# 세상을 바꾸는 미래의 여성 엔지니어들께 ———•

이 글을 쓰면서, 나 자신에게는 감히 나의 지난날을 회고할 수 있는 소중한 기회가 되었음에 감사한다. 또한, 늘 든든히 나의 일을 응원해 주는 사랑하는 남편과 존재 자체로 기쁨과 행복을 주는 내 두 아이들에게 사랑과 감사의 마음을 전하고 싶다. 특히, 육아로 인해 일하는 여성의 고충을 겪지 않고 내 자리에서 일에 충실할 수 있도록 절대적 지지와 사랑으로 아이들을 돌봐 주시고 도와주신 사랑하는 내 어머니께 머리 숙여 마음속 깊은 진심 어린 감사를 전해 드리고 싶다.

그리고 미래의 세상을 바꾸어 나갈 여성 엔지니어, 과학자들에게 나의 작은 경험을 통한 이야기가 자신의 미래를 결정하는 매 순간의 선택의 시기에 조금이라도 도움이 되길 희망하며 아래와 같은 몇 가지 조언을 드리고 싶다.

첫째, 본인의 신념에 따라 결정을 내리고 행동하라. 단, 결정을 내리는 그 순간까지 신중하라.

둘째, 희망과 자신감을 갖고 최선을 다해라.

셋째, 인연을 소중히 생각하라.

넷째, 약속을 지켜라.

다섯째, 인생의 멘토를 만들어라.

여섯째, 타인과 구별되는 나만의 강점을 만들어라.


끝으로, 내가 좋아하는 스페인의 철학자 발타자르 그라시안의 명언으로 글의 마무리를 대신하고자 한다. "꿈을 품어라. 꿈이 없는 사람은 아무런 생명력도 없는 인형과 같다." "그대의 가치는 그대가 품고 있는 이상에 의해 결정된다. 용기는 위기에 처했을 때 빛나는 힘이다."

세상을 바꾸는 여성 엔지니어 13

조금씩 돌고 돌아
어느새 내 꿈에 가까워지다

## 방현지
동원시스템즈 품질혁신팀

부산대학교 고분자공학과 학사 학위를 취득하였다. 1년간 공장에서 패키징 품질관리 업무를 담당하였고, 이후 본사 품질혁신팀에서 근무하며 10개 공장의 품질이슈 관리 및 협력업체 품질관리 업무를 하고 있다. WISET 취업탐색멘토링 멘토로 활동하며 후배들과 즐겁게 꿈을 찾고 있다.

## 학사경고 받은 흔한(?) 공대 여자 이야기 ____.

사실 나는 공대 입학 전만 해도 내 머리가 좋다는 대단한 착각에 빠져 있었다. 고등학교 때까지만 해도 항상 1등을 도맡아서 하며 장학금을 받고 다닐 정도로 공부가 재미있었다. 게다가 열정까지 가득 채워 원하던 공대에 입학을 했는데….

공대 진학 후 수업을 하나도 이해하지 못해 학기 내내 좌절만 하다 결국 첫 학기에 학사경고를 받았다. 재수강, 삼수강, 방학도 없이 계절학기를 들으며 학교 공부를 따라가기 바빴다. 나는 대학 생활 내내 시험을 치르고 과제하기에 급급했고, 취업을 위해 자격증을 준비했고 뚜렷한 목표 없이 취업을 할까 대학원을 진학할까 고민하던, 어쩌면 주변에서 흔히 볼 수 있는 친구 혹은 언니일지도 모르겠다.

그래서 이 글을 적기까지 많은 고민을 했지만, 주어진 환경에서 최선을 다했던 평범한 나의 경험이 담긴 이야기를 통해서 나처럼 평범한 누군가에게 희망이 되고 용기를 줄 수 있으면 좋겠다.


## 환영받지 못한 최초의 여성 신입사원 ____.

나는 사실 공대생이지만 영업인이 되려고 했었다. 홍보·판촉아르바이트를 5년 동안이나 할 정도로 나는 영업과 잘 맞았는데, 부산에 있는 모든 대형마트, 백화점에서 근무하며 안 팔아 본 물건이 없다고 해도 과언이 아니었다. 무작정 휴학을 하고는 연고도 없는 프랑스 파리로 홀로 날아가 게스트하우스 매니저로서 하루에 수십 명의 손님들을 케어할 정도로 배짱도 좋고 사람도 좋아하는 성격이었기 때문이다.

지금의 회사 면접 당시, 공대생인데 왜 영업직무로 지원했냐는 사장님의 질문에 재료에 대한 지식과 밝은 기운으로 영업을 잘할 수 있다고 자신 있게 대답을 했는데 결국 나는 뜬금없게도 품질관리로 발령을 받았다. TO도 없던 직무였는데 말이다. 입사 첫날 품질팀 팀장님께서는 우리는 인원을 요청한 적도 없는데 왜 사람을 보냈는지 자기도 영문을 모르겠다며 당황하셨고, 게다가 공장 최초로 여자 신입사원이라니…. 팀장님과 나는 어리둥절한 표정으로 서로를 쳐다보았다. 나의 설레는 입사 첫날은 이렇게 이상하게(?) 시작되었다. 도대체 나는 왜 여기에 있는 걸까…?

## 진천공장 품질팀 아름이가 되기까지 ____.

내가 근무한 진천공장은 편의점을 가려면 인도도 없는 차도로 한시간을 걸어 나가야 할 정도로 시골에 위치했다. 늘 무뚝뚝하고 나에게 무관심하던 아버지가 기숙사에 짐을 실어다 주고 집에 돌아가는 길에 회사 주변 환경을 보고 딸 걱정에 눈물을 흘리실 정도였으니 말이다.

대부분의 직원들이 기숙사 생활을 했기 때문에 일주일에 하루도 거르지 않고 강제 아닌 강제 회식을 했는데, 특히 품질관리는 생산현장과 맞닿아 있는 부서이다 보니 40-50대 기장님들과 매일 술을 마셔야 했다. 항상 새벽 2시, 3시가 되어야 집으로 들어와 3-4시간을 자고 출근하는 것이 일상이었다.

늘 피곤함에 찌든 채로 한여름에 햇볕이 내리쬐는 야외에서 수입검사를 하고, 50도가 넘는 에이징룸에 들어가 샘플을 채취하고, 뜨거운 수지가 쏟아지는 기기 앞에서 하루 종일 검사를 하는 것은 물론, 불량이 나면 저녁 9시든 10시든 고객사로 넘어가 현장 구석에서 선별을 하곤 했다. 품질팀은 말 그대로 하루 종일 정신이 없었는데 화장실 갈 시간도 없이 핸드폰이 울려댔고, 여기저기서 서로의 업무가 더 급하다며 나를 괴롭혔다.

하루에 14시간 이상 사무실과 현장을 뛰어다니며 테스트와 반복되는 검사를 하고 밤 11시가 되어서야 회사 정문을 나서면 빛도 소리도 없는 깜깜한 시골 한가운데에 있는 나를 발견하게 되는데, 정말 너무 서러워서 그 자리에서 눈물을 펑펑 흘렸다. 그리고 내일도 오늘과 똑같은 하루를 보내야 한다는 생각에 매일 나의 퇴근길은 하루 중 가장 우울했다.

왜 지금까지 여직원을 채용하지 않았는지 알 것 같았다. 사실 나는 사춘기도 없었던 데다 고3 수험생 때도 야자를 하는 것이 마냥 즐겁기만 했고, 취준생 때 수많은 불합격 통보에도 '이 회사는 나랑 맞지 않나 봐!' 하며 쿨하게 넘길 정도로 긍정적인 성격이었는데, 처음으로 '스트레스'라는 것을 알게 되었다. 그리고 그것에 파묻혀 하루하루를 그야말로 버텨 나가고 있었다.

그런데 어느 날 문득 반대로 '왜 내가 최초의 여직원으로 뽑혔을까?'라는 생각이 스쳤다. 분명 회사에서도 영업을 지원한 나를 TO도 없던 품질팀으로 보낸 데에는 이유가 있었을 것이라는 생각이 들었다. 돌이켜 보니 나의 가장 큰 장점은 밝고 적극적인 모습이었고, 그것이 품질이슈가 발생했을 때 담당자에게 적극적으로 다가가 협의하고 소통하는 데 큰 힘이 되었던 것이다. 생각해 보니 빠지지 않고 회식에 참여한 덕에 현장 사람들은 모두 내 편이었고, 기장님들은 아무리 바빠도 내 부탁은 항상 가장 먼저 들어주시니 업무도 훨씬 효율적으로 할 수 있었다.

남자밖에 없었던 공장에 여자 신입사원이 들어와 현장을 이리저리 휘젓고 다니니 다들 관심이 집중되었고, 어딜 가나 눈에 띄었다. "여자라서 역시….''라는 소리를 듣는 것이 싫어 궂은일이나 힘쓰는 일도 "힘이 세서 괜찮아요." 하며 나서서 했는데, 높이가 내 키만 한 무거운 가스통도 공구를 들고 다니며 직접 교체하기도 했다(실제로 힘이 세서 가능한 일이었다). 이런 모습을 보며 선배들도 여기서 버티는 게 대단하다며 칭찬을 아끼지 않았고, 노력한 만큼 인정을 받는 것 같아 뿌듯해 점점 욕심이 생겼다. 그러면서 조금씩 환경을, 업무를, 그리고 사람을 즐길 수 있게 되었다.

아주 오래전 TV 광고에 나오던 공대 여신 아름이는 현실에서는 존재하지 않는다고 생각했다. 솔직히 나는 아름이가 될 만한 예쁜 얼굴도 아니다. 처음에는 그저 공장에서 아무도 환영하지 않는 여직원일 뿐이었던 나지만, 예쁘지 않은 매력과 악착같은 노력으로 어느새 진천공장 아름이가 되어 있었던 것 같다. 진천공장 근무 마지막 날에는 공장장님께서 나를 직접 배웅해 주시며 잡은 내 손을 끝까지 놓지 않으셨을 정도로 말이다.

진천공장 사내게시판에 붙은 사진

## 악착같던 일 년을 발판으로 ____•

지금은 본사 품질팀으로 발령을 받아 우리 회사 10개 공장의 품질 이슈를 통합 관리하는 동시에 협력업체 품질관리를 담당하고 있는데, 처음엔 이 또한 정말 쉽지 않았다. 대부분의 협력업체 공장장, 사장님은 나이도 어린 데다 몸집도 조그마한 여자 사원이 와서 평가하고, 이런저런 요청을 하니 기분부터 나빠하거나 무시하며 협의가 제대로 되지 않았기 때문이다.

그러나 공장에서 몸으로 부딪치며 악착같이 일했던 일 년이 지금의 업무에 많은 도움이 된 것 같다. 직접 현장에 뛰어들어 같이 문제점을 파악하거나 늦은 시간까지 테스트를 진행하며 함께 땀 흘리는 내 모

38          세상을 바꾸는 여성 엔지니어 13

습을 본 후에는 업체에서도 조금씩 마음을 열고 협조를 해 주었다. 또한 타 부서 사람들조차 공장과 협업할 때 나에게 부탁을 많이 할 정도로 인적 네트워크가 큰 도움이 될 때가 많았다.

게다가 본사에서 공정이나 검사시스템, 제품의 사양에 관해 가장 잘 아는 사람이 나이고, 현장에서 경험했기 때문에 이슈에 더욱 신속하고 정확하게 대응할 수 있었다. 당시에는 아무것도 배운 것이 없다고 느꼈던 진천에서의 생활이 지금은 이렇게 나에게 가장 큰 자산이다.

# 내가 찾아서 하지 않으면
# 누구도 나를 챙겨 주지 않는다 ____.

어릴 적부터 부모님께서는 맞벌이를 하셔서 나에게 신경을 써 줄 여유가 없었다. 그래서 스스로 결정하고 스스로 필요한 것, 하고 싶은 것을 찾아 행동했다. 초등학교 때는 혼자 학원을 찾아가 등록을 하고, 남들은 부모님 손에 이끌려 나온 경시대회를 직접 찾아서 나가고, 중학교 때는 과학고 입시 준비도 혼자서 했다. 물론 단번에 떨어지는 바람에 실패의 쓴맛을 어린 나이에 맛봤지만, 스스로 도전했기에 실패도 의미 있는 경험이라고 생각했지 나에게는 전혀 두려움의 대상이 아니었다.

지금 생각해 보면 나는 내가 속한 집단에서 항상 부족한 편이었지만, 스스로 원하던 걸 찾아서 했기에 기죽지 않았고 모든 상황을 즐겼던 것 같다. 이러한 것들이 지금 무엇이든 혼자서 잘해 내고 타지에서도 혼자 꿋꿋이 살 수 있는 원동력이 된 셈이다.

## 빗나간 화살이 명중했다? ____•

나는 학창 시절 문제집은 제쳐 두고 식품첨가물 관련 책에 빠져, 이름도 어려운 첨가물의 종류들을 달달 외우고 다닐 정도로 식품공학에 관심이 많았다. 우스갯소리로 "꼭 초콜릿 공장에 취업해서 매일매일 초콜릿을 마음껏 퍼 먹을 거야!"라고 하며 친구와 같이 식품공학과로 원서를 썼었다. 그러나 현실적으로 식품 분야는 취업의 문도 좁고 학사 학위만으로는 연구소로 들어가기가 어렵다는 이야기를 어딘가에서 듣고는 식품공학과 합격을 포기하고 취업의 범위가 넓다는 고분자공학과를 선택하게 되었다.

이쯤 되면 눈치챘겠지만 나는 정말 귀도 얇고 하고 싶은 것에 대한 뚜렷한 확신도 없었던 그저 그런 학생이었던 건 분명한 것 같다. 사실 대학 공부가 어려워 좌절했을 때, 식품전공으로 전과를 하고 싶다는 생각도 많이 했었다. 당시에는 그럴 만한 패기가 없어 울며 겨자 먹기로 겨우겨우 졸업을 했는데, 결국 돌고 돌아 내가 원하던 식품 관련 일을 하고 있는 게 신기할 따름이다. 입사를 결정할 때까지만 해도 내가 지금의 업무를 하고 있을 줄은 상상도 못했으니 말이다.

우리 회사는 패키징 제조업체지만 식품회사와의 싸움(?)에서 이기기 위해서는 식품의 특성을 누구보다 잘 알아야 했다. 그렇기에 시험

기관을 집처럼 드나들고, 관련 논문을 모조리 뒤져도 보고 교수님들께 조언을 구하러 다니기도 한다. 예전엔 그렇게 하고 싶었던 식품 공부를 어쩌다 보니 이렇게 뒤늦게 시작하고 있지만 식품회사와 함께 협업하고, 갑질(?)도 당하면서 패키징을 식품에 적용시키는 것이 재미있다. 게다가 우리 회사 10개 공장뿐 아니라 수십 개의 협력업체를 발로 뛰며 전국 방방곡곡을 돌아다니는 지금 업무가 어쩌면 영업보다 더 영업스러운 일이 아닐까 싶다.

빗나간 화살이 명중했다고나 할까? 이리저리 돌고 돌아 원하는 분야에서 일을 하게 된 나는 운이 좋은 사람일지도 모르겠다. 그러나 많이 부딪쳐 보고 도전하다 보면 그리고 그게 무엇이든 최선을 다하다 보면, 나도 미처 생각지 못한 기회가 찾아오는 것 같다.

그리고 나도 모르게 조금씩 돌고 돌아 어느새 내 꿈에 가까워져 있을지도 모른다.

WISET취업탐색멘토링. 나의 멘토 그리고 나의 멘티들과 즐겁게 꿈을 찾기

# 회사를 나만의 보금자리로 만드는 법 ———•

타지에서 대학 생활을 하고 취업을 한 나의 오랜 자취 경험으로 비춰 볼 때 회사란 집과 마찬가지이다. 차이점이 있다면 회사는 나에게 월급을 주지만 집은 내가 월세를 내어줘야 한다는 점이다. 그 점에서 회사가 좀 나은 거 같기도 하다.

'일단 살아 보지 뭐!' 하고 집을 구해 들어오게 되면 싫든 좋든 내 집이 되는 것이다. 살다 보면 방음이 잘 안 된다든가, 수납공간이 부족하다든가 하는 단점들이 하나씩 눈에 들어오지만 마음에 안 든다고 할지언정 당장 길에서 잘 수는 없지 않은가. 추우면 다이소에서 뽁뽁이라도 사서 붙이고, 어두우면 조명을 바꿔 보고 화분이라도 놓아 보고 하면서 단점을 보완해 나가면 된다. 그러다 보면 우리 집만의 장점을 발견하게 될 것이고, 나에게는 어디보다도 편안한 나만의 집이 되는 것이다.

회사도 마찬가지이다. '일단 다녀 보지 뭐!' 하고 회사를 들어오게 되면 상상과는 다른 현실이 펼쳐질지도 모른다. '이게 아닌데?'라고 느끼는 순간이 하루에도 수십 번 찾아오지만, 업무가 죽도록 힘들고 재미없을지언정 다시 학생으로 돌아갈 수는 없지 않은가. 나와 맞지 않고 보람도 없는 일이라고 느껴질지라도 내가 잘 할 수 있는 것을 찾아서 해 보고, 다른 업무도 해 보고, 동료들의 도움도 받으며 어떻게 해서든 적응하려 노력해 볼 가치가 있다. 그러다 보면 언젠가 '잘하고 있는' 자신을 발견하게 될 것이고, 아직은 떠나고 싶지 않은 나만의 보금자리가 되어 있을 것이다.

## 그래, 여기까지 잘 왔다 ____.

어느 날 생산본부장님께서 나에게 "원래 내가 여직원에 대한 인식이 좋지 않았는데 현지 씨가 밝고 적극적으로 업무를 하는 모습을 보면서 생각이 많이 바뀌었어."라고 하시는 한마디에 정말 울컥했던 적이 있다. 이 글을 쓰기 며칠 전 옆자리 기술팀 팀장님께서도 "현지 씨 같은 사람이 한 명만 더 있어도 회사 분위기가 훨씬 밝아질 텐데!"라고 하시며 우리 회사의 인턴 채용에서 여학생에 대해 처음으로 긍정적인 평가를 했다고 하셨다.

2년이라는 짧다면 짧은 기간 동안 한 회사의 생산 본부 최초의, 그리고 유일한 여직원으로 생활하며 각종 차별과 편견을 살로 맞닿아 느꼈다. 그러나 편견과 차별도 일종의 관심이며 그렇기에 조금만 잘해도 돋보이고 인정받을 수 있다는 것을 이제는 알기에 나는 지금의 상황을 즐기는 중이다. 그래, 여기까지 잘 왔다! 여자라서 한계가 있다면 남자들보다 더 노력하면 되고, 여자라서 더 잘할 수 있는 것을 더욱더 잘하면 된다. 이렇게 조금씩 내 위치에서 최선을 다하다 보면 언젠가는 여직원에 대한 물음표를 느낌표로 바꿀 수 있지 않을까.

# 주어지지 않는다면
# 스스로 만들어라

## 유현선
㈜로완 대표이사 / 건국대 부동산대학원 겸임교수

연세대학교 건축공학과를 졸업하고 건국대학교 부동산대학원에서 글로벌부동산 석사 학위를, 미국 서던캘리포니아 대학교에서 부동산개발 석사 학위(MRED)를 취득했다. 또한 건국대학교에서 부동산학 박사 학위를 취득했다. SK 건설과 SK D&D에서 근무하였고 미국 유학 후 베트남과 중국에서 부동산 개발 실무 경험을 쌓기도 했다. 회사 설립 후 주로 호텔과 리테일 부동산의 개발 컨설팅 업무를 수행 중이며, PM(Project Management)으로 프로젝트 코디네이터 업무도 하고 있다. 현재 건국대학교 부동산대학원에서 겸임교수로 강의 중이며, 저서로 『해외 부동산 투자&개발 바이블』이 있다.

"잘 물든 단풍은 봄꽃보다 아름답다."라는 어느 스님의 말씀이 가슴으로 와 닿는 나이가 되어 지난날을 돌이켜 보면 감사할 일들이 많다. 그중의 하나가 내 가슴을 뛰게 하는 일이 무엇인지, 내가 정말로 좋아하고 원하는 일이 무엇인지를 일찍 깨달았고, 감사하게도 지금 그 일을 하고 있다는 것이다.

## 가장 행복한 시간이 인생의 꿈이 되다 ____.

가장 행복했던 시절로 기억되는 20대의 대학 생활에는 내 인생 최고의 추억거리이자 지금의 나를 이끈 이벤트가 있었다. 대학 1학년 때 친구들과 재미 삼아 신청한 'SBS 태평양 종단 퀴즈대회'에서 수만 명의 경쟁자들을 물리치고 OX퀴즈에서 예선을 통과하여 처음으로 해외여행을 가게 된 것이다. 갓 대학에 입학한 풋풋한 대학생으로 난생처음 방송에 출연해 퀴즈 문제도 풀고 때론 고무농장에서 고무액도 채취하는 등 잊지 못할 경험들을 했다.

그러나 무엇보다 행복했던 기억은 촬영이 끝난 후 코발트빛 바다가 펼쳐진 말레이시아의 어느 해변가 리조트에서 보냈던 낭만적인 시간들이었다. 그때의 하루하루 행복했던 시간들은 나로 하여금 막연한 꿈을 꾸게 하였다. '아, 이런 리조트에서 평생 살아 보고 싶다.' 나의 가장 행복했던 시절, 그 속에서도 가장 행복했던 순간이 '나의 호텔을 짓자!'라는 꿈으로 나를 이끌었다.

세상을 바꾸는 여성 엔지니어 13

# 지름길이란 건 생각해 본 적 없다,
# 순간순간 최선을 다했을 뿐 ─────•

대학 졸업 후 설계사무소에 취직했다. 요즘 건축과를 졸업하는 학생들은 금융권이나 부동산자산운용사 등 다양한 분야로 취업을 하지만, 1990년대 중반 당시만 해도 졸업 후 진로 방향은 건축설계사무소와 건설회사로 좁혀졌다. 설계 과목을 좋아하던 학생들은 주로 건축설계사무소[1]로 진로를 선택하였고, 디자인을 좋아하던 나 역시 설계사무소에서 첫 직장 생활을 시작하였다. 이후 건설회사와 디벨로퍼 회사[2]까지 자의 또는 타의로 회사를 옮겨 다니며 지난 20여 년 동안 다양한 경험을 쌓았다.

막연한 꿈이 있기는 했지만, 내 모든 활동 경력이 그 꿈을 이루기 위해 전략적으로 계획되었다거나 효율적으로 계산된 것은 아니었다. 그때그때 주어진 일에 책임감을 가지고 최선을 다했고, 다양한 업무를 접하면서 새로운 기회가 주어졌을 때 두려움보다는 호기심으로 다가갔다.

그러다 보니 건축디자인의 영역에 국한되지 않고, 부동산 분야까지 폭넓게 다양한 경험을 쌓을 수 있었다. 종이에 아이디어를 형상화하던 것(설계사무소)에서 실제 물성적인 건물로 구체화하는 단계(건설회사)로, 더 나아가 건축이라는 하나의 부동산 상품을 개발하는 단계(디벨

---

1) 건축설계사무소는 건축주가 의뢰하는 대지와 요구사항에 맞춰 창의적인 디자인 아이디어를 제안하고 이를 실제 건물로 시공할 수 있도록 도면 등을 작성하는 업무를 하는 곳이다.
2) 디벨로퍼 회사는 직접 토지를 매입하여 상품기획부터 설계, 마케팅, 운영관리까지 부동산 개발의 전 과정을 총괄하는 전문 회사를 말한다.

로퍼 회사)로 그 포지션을 확장해 갔다.


## 인생의 터닝 포인트를 지나다 ____.

삼십 대 후반, 디벨로퍼 회사에서 엔지니어링 팀장으로 승진을 하고 회사 내에서도 안정적으로 자리를 잡아 갈 때쯤 또다시 가슴에서 무언가가 꿈틀대기 시작했다. 회사 내 유일한 여자 팀장이라는 타이틀을 넘어 한 단계 더 성장하기 위해서는 '실력'이 우선 되어야 함을 새삼 깊이 깨닫게 되는 계기가 있었다.

그 당시 열정을 쏟아 진행하던 회사의 전략 프로젝트를 실제 회사의 이익과 직결되는 업무를 하는 부서들과 디자인 콘셉트에 대해 논쟁을 하게 된 적이 있다. 정량적인 숫자로 설명하는 그들의 주장에 대해 디자인이라는 다소 주관적인 판단의 합리성을 설득시키며 나는 한계를 직시하게 되었다. 수학을 못한다는 생각은 해 본 적이 없었던 나인데, 그들이 설명하는 사업보고서의 숫자들과 용어들은 마치 외계어처럼 다가왔다.

새로운 상품개발 콘셉트에 대해 의구심과 불안감을 보인 내부 의사결정권자들을 설득하는 데 결국 1년이란 짧지 않은 시간이 소요되었고, 그 기간만큼의 사업비 손실로 프로젝트는 좀 더 어려운 상황에 놓이게 되었다. 그 당시 내가 만약 그들과 같은 눈높이에서 사업보고서의 숫자들을 이해하고 설득시킬 수 있었다면 지루한 디자인 논쟁을 끝내고 좀 더 빨리 프로젝트를 실행시킬 수 있지 않았을까?

부족함을 채울 해법이 필요했다. 트렌드나 디자인 같은 감성적인 접근이 아닌 경제·금융학적 관점에서 부동산을 공부하고자 부동산 야간대학원에 지원을 했고, 이는 뜻하지 않게 인생의 커다란 전환점이 되었다. 야근이 일상화되어 있던 그 당시 퇴근 후 때론 저녁도 굶어 가며 수업을 들으며 부족했던 금융 지식과 기법들을 공부하면서 오히려 좀 더 깊은 지적 탐구에 대한 갈망이 커졌다.

그리고 어느새 그 갈망은 국내 프로젝트에만 몰두하며 반복적인 일상에서 그동안 감추어 두었던 리조트 호텔에 대한 꿈을 다시금 불러내는 마법과 같은 역할을 하였다. 다만 대학 시절 꾸었던 꿈이 막연했다면 이제는 그 꿈이 손에 잡히기 시작했다는 것이 달랐다. 건축에서 부동산 분야까지 15년 이상 폭넓게 경험한 경험들이 꿈으로 가는 계단을 나도 모르는 새에 차곡차곡 쌓아 주고 있었다.

남들이 보기에는 늦은 나이, 그러나 내게는 가야 할 이유가 분명해진 나이 마흔 살에 미국 유학길에 올랐다. '사오정[3]'이란 유행어가 풍자되던 그 시절, 대기업의 안정적인 직장을 왜 떠나느냐며 만류하는 사람들도 많았고, 한국에 돌아와 다시 좋은 직장을 얻는다는 확신도 없었지만 그때마다 떠오른 생각이 있었다. '지금 이 순간, 길을 걷다 교통사고로 죽을 수도 있다. 그러니 더 늦기 전에 내가 하고 싶었던 일을 해 보자!'라는 것이었다. 이 세상에 늦은 건 없다.

목표는 분명했다. 적도의 휴양지에서의 호텔리어(hotelier)[4]를 꿈꾸었

---

3) '45세가 정년'이라는 말을 줄인 표현으로, 보통 정년으로 알려진 65세까지 직장에 머무르지 못하고 조기 퇴출될 수 있는 40대 직장인들의 처지를 비유적으로 이르는 말이다(출처: 김기란·최기호(2009), 대중문화사전: 현실문화연구).

4) 호텔경영자 또는 호텔지배인, 관리인, 소유주를 총칭하는 단어이다(출처: 네이버 영어사전).

기에 고밀도 대도시인 뉴욕의 부동산 석사 과정이 아닌 사계절 온화한 날씨의 서부의 서던캘리포니아 대학(USC)을 선택했다. 다양한 금융 관련 과목을 수강하며 나의 부족함을 채워 나갔고, 호텔 부동산 수업을 들을 때는 설렘에 가슴이 벅찼다.

특히 쉐라톤(Sheraton) 호텔을 소유하고 계셨던 겸임교수님이 60세의 나이에 처음 그 호텔을 개발하셨다는 얘기는 큰 용기가 되었다. 그동안 남들보다 늦었다는 불안감에 포기할까도 고민했던 나의 꿈이 실현될 수도 있다는 위로를 받은 것이다. '맥도널드를 세계적인 패스트푸드 사업체로 성장시킨 레이 크룩(Ray Kroc)도 53세에 그의 첫 번째 매장을 오픈하지 않았던가! 나도 60세가 되기 전에 나의 호텔을 지으면 된다.'


## 주어지지 않는다면 만들자 ___.

영국의 유명 극작가인 조지 버나드 쇼(George Bernard Shaw)는 성공하는 사람들이란 자기가 바라는 환경을 찾아내는 사람들로, 발견하지 못하면 자기가 만들면 된다고 했다.

미국 대학원 졸업 후 베트남에서 골프 리조트 인근에 고급 주거단지를 개발하는 사업의 프로젝트관리(PM) 업무를 맡게 되었다. 비록 호텔 개발사업은 아니었지만 동남아 시장을 경험할 수 있는 좋은 기회였다. 지금은 베트남에서 외국인들의 부동산 거래가 허용되면서 한국에서도 투자 관심이 높지만, 그 당시는 베트남의 일부 부유층만을 위한 프로젝트로 경제 상황이 어려워지면 아쉽게도 프로젝트는 지연되었다.

때마침 중국의 톈진(Tianjin) 지역의 도시개발사업에 참여할 기회가 생겨 또다시 새로운 시장에 도전했다. 송도국제도시보다 3배 가까이 더 큰 대규모 개발사업으로, 단순히 하나의 호텔을 짓는 것이 아니라 신도시를 건설하는 쉽게 경험할 수 없는 프로젝트였다. 특히 복잡한 도시개발사업에서 도시설계의 규모 관련 숫자들과 사업성분석의 투자 관련 숫자들을 동시에 통합해서 상호보완적인 숫자들의 조합을 만들어 내는 과정은 내가 가진 차별적 강점이 무엇인가를 깨닫게 해 주었다.

'디자인'과 '투자'라는 각각의 전문 분야를 이어 주는 연결고리에 내가 있었다. 해외에서의 경험들은 진정으로 내가 원하는 것이 무엇인가를 다시금 상기시켜 주었고 결국 한국으로 돌아와 창업을 결심하게 되었다. 이제는 준비가 되었다. 설계디자인부터 사업성분석까지 부동산 개발의 전 단계에서 총체적인 종합컨설팅 서비스를 제공하는 회사의 필요성이 확인된 것이다.

강한 리더십의 이미지보다는 부드러운 참모형의 리더십을 지향했던 내게 스스로 판단컨대 타고난 비즈니스 자질은 없었기에 창업은 그리 쉬운 결정이 아니었다. 마흔 살이라는 늦은 나이의 유학은 다소 무모하게 결정할 수 있었지만 안정적인 월급 생활에 오랫동안 길들여 있던 내게 창업은 그저 핑크빛 환상만은 아니었다. 이런 내가 창업을 선택하게 된 것은 성공에 대한 자신감이나 확신 때문이 아니었다. 내가 원하는 일을 하고 싶었고, 그런 기회가 주어지지 않았기 때문에 결국 스스로 그 기회를 만든 것이다.

창업을 결심하는 순간부터 끊임없이 자신을 되돌아보는 순간의 연속이 되풀이된다. 특히 회사의 성장과 관련해서 내가 진정 원하는 삶이 무엇이며 내가 감내할 수 있는 위험의 정도가 어느 정도인지 스스로에게 자문해 볼 필요가 있다. 나는 회사의 규모를 키우는 것보다 진정성을 바탕으로 내가 맡은 프로젝트의 가치를 최우선시하는 것을 회사의 미션(mission)으로 삼고 있다. 그리고 이러한 목표는 자연스럽게 나로 하여금 좋은 사람들과의 파트너십을 통해 상생하고 협력하는 모델을 비즈니스 전략으로 삼도록 이끌었다.

회사가 지금 집중하는 분야는 호텔과 리테일 부동산으로 특히 최근 활발하게 진행 중인 도심 내 복합개발사업에서 전문적인 부동산 컨설팅을 제공하려 한다. 지금 수행 중인 하나하나의 프로젝트가, 그리고 겸임교수로 해외부동산 관련 과목을 강의하는 경험들이 말레이시아에서의 리조트 개발이라는 나의 꿈에 어떻게 직접적으로 영향을 미칠지는 아직 잘 모르겠다. 그러나 나의 이 모든 경험들이 결국은 하나의 길로 나를 이끌어 줄 것이라는 믿음은 시간이 갈수록 단단해지고 있다.

스티브 잡스가 "각각의 점들이 언젠가는 미래에 연결될 것이다(The dots will somehow connect in your future)."라고 이야기한 것처럼, 이런 다양한 경험들이 어느 순간 서로 연결되어 만날 것이라 믿어 의심치 않는다. 그리고 이를 위해 나는 지금도 한순간 한순간 최선을 다하고 있다.

# 인생의 마지막 장면에서 시작하라___.

가끔 후배들이 나에게 조언을 구할 때면 추천해 주는 책이 있다. 에릭 시노웨이와 메릴 미도우의 『하워드의 선물』로, 개인적으로 내게 많은 가르침을 준 자기개발서이다. 회사를 창업하고 얼마 지나지 않았을 때 운명처럼 이 책을 만났다. 책의 글귀 하나하나가 나에게 큰 영감을 주었지만 가장 크게 다가온 가르침은 '인생의 마지막 장면에서 시작하라'는 것이었다.

퍼즐 맞추기를 할 때 박스에 그려진 완성된 그림을 미리 알고 있어야 내가 쥐고 있는 이 퍼즐 조각을 어디에 둘지 알 수 있다. 우리네 삶의 하루하루를 퍼즐의 한 조각이라고 상상해 보면 내 인생의 완성된 그림을 그릴 수 있어야 오늘 하루를 어떻게 살지 방향이 잡힌다.

처음 이 책을 접하고 하워드 교수의 조언에 따라 내 인생의 마지막 장면에서 소설을 써 보았다. 나의 40대, 50대, 60대, 70대의 모습들을 최대한 구체적이고 세밀하게 써 내려갔다. 해마다 12월의 마지막 날 한 해를 마감하며 다시 써 내려간 나의 회고록 같은 짧은 에세이는 생각지도 못한 놀라운 결과를 보여 주었다.

나의 상상 속 소설의 이야기들 중 몇 가지 얘기들이 실제로 현실에서 실현된 것이다. 그것도 예상보다 훨씬 빠른 시점에 이루어졌다. 그런 기적 같은 일들 중의 하나가 나의 첫 번째 책을 출판한 것이다. 내 나이 50세를 기념해서 출간하겠다고 했던 나의 상상 속 장면은 내 나이 44세에 앞당겨져 실현되었다.

무엇보다 가장 큰 영향은 나를 움직이게 하는 일이 무엇이며, 남은 인생에서 무엇을 하길 원하며, 그 목표를 이루기 위해 어떤 준비를 해야 되는지가 분명해졌다는 것이다. 이제 갓 시작한 사업이 자리를 잡기도 전에 늦은 나이에 다시 박사 공부를 결심할 때도, 박사 논문의 주제를 정할 때도 크게 고민할 이유가 없었다.

말레이시아의 한적한 바닷가에 아담한 리조트를 짓고 거기서 남은 노후를 보내겠다는 내 인생의 마지막 장면은 호텔 부동산에 대한 학문적 연구의 길로 나를 이끌었다. 늦은 밤 시간 가는 줄 모르고 호텔 관련 논문들을 읽으며 100여 년 전 나와 같은 주제에 대해 고민했던 학자들을 만나는 시간여행도 내 꿈에 다가가기 위한 하나의 퍼즐 조각이었다. 학문적 이론을 넘어 실무에서 나의 연구가설을 검증하고자 노후화된 모텔을 비즈니스호텔로 리모델링하는 프로젝트를 선뜻 맡은 것도 내 완성된 그림 속 하나의 퍼즐을 맞추기 위함이었다.

꿈을 꿀 수 있는 열정과 용기가 있고 그 꿈을 위해 자신의 인생을 스스로 주도하고 책임질 수 있는 마음의 준비가 되어 있다면 여러분도 이제 새로운 출발선에 서도 된다. 다만 그 출발선의 시작점은 사람마다 다를 수 있음을 기억하자. 조금 뒤쳐져서 출발할 수 있으며 그 속도 또한 남들과 다를 수 있다. 다만 우리 인생의 완성된 그림을 마음속에 그리며 그 길 위에 선다면 오늘 하루의 퍼즐조각도 의미 있게 만들어 갈 수 있지 않을까?

세계 무대에서 이룬
공학자의 꿈

최 여 선

하이네켄 본사 Senior Global lead Utilities Engineering

• 2000년 홍익대학교 화학공학과를 졸업 후, 우보엔지니어링에서 chemical design engineer로 잠시 근무하였다. 그 후 University of Houston에서 환경공학 석사 학위를, TU Delft에서 생명공정공학 박사 학위를 취득했다. 2008년부터 Abbott biological에서 Influenza vaccine process optimization 연구를 하였다. DSM에서 Safety leader로 일 년 남짓 근무한 후, 2012년부터 하이네켄 본사에서 멕시코, 베트남, 캄보디아, 독일, 파푸아뉴기니, 나이지리아, 알제리 등, 하이네켄 글로벌 CAPEX Utilities 엔지니어링 책임을 맡고 있다.

시골에서 초등학교를 다닐 때부터 막연하지만 나에게 꿈은 한결같았다. 전 세계를 누비는 커리어우먼으로 비행기를 타고 일을 하고 돌아오는 내 모습을 꿈꿨다. 학교 다닐 때는 영어를 제일 못했고 발음은 토종 한국사람 발음, 게다가 대학교를 졸업할 때까지 외국물 한번 먹어 본 적이 없지만 막연하게 '나는 세계를 누비며 살 거야.'라고 목표를 정해 두고 근거 없는 자신감만 가득했던 10대를 보냈다.

그때로부터 몇 십 년이 지난 지금, 하이네켄에 글로벌 유틸리티 엔지니어링 책임으로 전 세계를 다니며 일을 하고 있는 나는 적어도 어렸을 때부터 내가 그리던 모습으로 살고 있다. 다만 내가 가졌던 막연한 꿈속에는 출장을 다니는 직업과 아이를 키우는 가정생활 병행이 가지는 어려움, 한국에서 수천 킬로 떨어져 있는 나라에 살아야 하는 현실 같은 건 생각하지 않았지만 말이다.

평범하지만 어렸을 때부터 꿈꾸던 좋아하는 일을 하며 살게 된 내 이야기를 미래 여성 엔지니어 후배들과 공유하고 싶다.

## 화학공학을 선택한 이유___.

내가 공대 특히 화공과를 선택한 이유는 단순했다. 화학과 수학을 특히 좋아했고 잘했던 나에게 보통 다른 여학생들에게 인기 있는 약대나 화학과를 가면 비커로 실험하는데, 화학공학과는 큰 드럼통으로 한다는 말을 듣고 스케일이 커 보이는 드럼이 멋져 보였다.

대학에 들어가자마자 첫 일 년은 학생운동, 풍물패 등 다양하게 경험도 해 보고 공부와는 거리가 먼 사교 활동으로 채웠다. 성적표에 공백만 가득했고 방황만 하며 일 년을 보냈다.

1학년 겨울방학 성적표를 받고 당시 지도교수님이었던 오명숙 교수님의 면담 요청이 있었다. 이미 학생회 활동을 예약한 나에게 교수님께서 왜 대학에 들어왔는지 왜 화공과를 선택했는지 질문하셨다. 그 간단한 질문에 나는 답을 하지 못했다. 2학년 때부터는 학생회 활동과 학업을 잘 이어 나갈 거라는 대답을 반복했지만 참 자존심이 상하는 일이었다.

면담 이후 자존심 회복을 위해 한번 해 보자 하는 심정으로 공부를 시작했다. 일 년간 최선을 다해 공부해 보고 이 길이 아니라면 바꾸자는 다짐으로 목표를 정했다. 역시 선택은 잘못되지 않았다. 전공이 재미있었다. 현실에 바로 응용될 수 있는 학문을 공부한다는 그 자체가 흥미로웠다.


## 취업의 벽, 유학의 벽에 도전하다 ____.

그렇게 흥미롭게 전공 공부를 했음에도 불구하고 취업 시도에선 적어도 30군데 이상의 문을 두드려 봐도 면접 기회조차 얻지 못했다. 나는 화학공학을 공부하고 싶었고 대학 때 배웠던 것을 활용할 수 있는 회사에 가고 싶었다.

IMF 직후라 대기업 화학공학 공정설계 사업부는 일차 서류면접조차 통과할 수 없고, 많은 동기들은 전산을 다시 공부해 프로그래밍이나 영업 비교적 자리가 있던 곳으로 많이 가던 때였다. 화학공정 관련 회사에 지원하면 "여자들은 이런 데 힘들어서 안 된다.", "지방근무 가능한가?", "결혼은 언제 할 거냐?" 하는 질문들이 흔하던 그때 마침 기회를 찾았다.

당시 직원 10명의 작은 엔지니어링 회사지만 pilot plant 전문 공정 설계 엔지니어 자리를 찾았다. 일은 재미있었다. 책에서 배운 걸 설계하고 시공하고 시운전하며 일 년 반 조금 넘는 시간이지만 책 속에서만 보던 전공을 경험해 볼 수 있었다.

사회에 나가 일을 하다보니 전공에 대한 지식이 아쉬웠다. 더 넓은 세상에 나가 보고 싶고 공부하고 싶었다. 대학 내내 등록금에 생활비 버느라 어학연수나 해외여행은 엄두를 내지 못한지라 영어 실력은 바닥이었다. 그래도 도전해 보기로 했다. 미국 유학 준비를 시작한 것이다. 회사를 다니면서 영어 공부를 병행했지만 역부족이었다.

회사를 그만두고 GRE와 TOFEL을 3개월 동안 준비하고 점수를 만들었다. 그리고 장학금을 줄 수 있는 학교들 위주로 지원했다. 가고 싶었던 학교 중 하나였던 휴스턴 대학에서 대답을 얻었다.


## 휴스턴에서 시작한 유학 생활 그리고 유럽행 ____.

휴스턴에서의 생활은 결코 쉽지 않았다. 그 이유는 영어 때문이었다. 수학과 과학은 좋아했지만 영어는 항상 높은 벽이었다. 미생물학 (Microbiology) 첫 수업을 들어가 정말 하나도 알아듣지 못하고 앉아 있다가만 왔던 기억이 아직도 선하다. 실험보고서를 써 내야 하는데 간단한 문장 쓰는 것도 힘들어서 밤을 새서 완성하고 장학금과 생활비를 주시는 교수님 프로젝트는 너무 많아서 항상 잠을 줄이고 남들보다 시간을 배로 투자해서 공부했다. 수업 시간에 간단하게 하는 발표도 해야 할 말에 쉼표까지 적어 두고 외우지 않으면 말이 나오지 않았다. 부족한 만큼 노력했다.

그러던 유학 생활 중에 만나 결혼하게 된 남편은 공교롭게도 아일랜드 사람이었다. 남편을 만나고 결혼하게 되면서 생각지도 않게 유럽행을 결정했다. 연구 주제가 잘 연결되어 네덜란드에서 박사 과정을 마칠 수 있었다. 결과가 좋아서 운이 좋게 취업에까지 연결되었다.

## 꿈이 이루어지다 ____.

박사 과정부터 제약회사 연구·기술팀에 3년 가까이 독감백신에 대한 모델링을 집중적으로 하였다. 독감 백신을 세포에서 생산해 내는 방식이었는데, 주제가 재미있다 보니 개인적인 시간까지 투자해서 여러 가지 논문을 읽고 새로운 방식을 찾아 나갔다. 적극적인 태도와 새로운 아이디어는 윗분들에게 주목을 받았고 인정받으며 매해 남들보다 월등한 연봉 인상을 받으며 직장 생활을 이어 갔다. 회사에 대해 만족하며 다니던 중 회사에서 연구소와 기술팀 백신 공정을 폐쇄를 결정하였다. 회사에 들어온 지 3년 만이었다. 구조조정 발표를 듣자마자 다른 직장을 찾기로 했다.

논문 전공과 관련된 process simulation 학회 중심으로 알아보고 참여를 했다. 때마침 하이네켄에서 맥주공정을 시뮬레이션 할 수 있는 사람을 찾고 있었고, 학회 이틀 동안 확실히 할 수 있는 것들을 보여 주었다. 학회에서 시뮬레이션을 보여 주고 가르쳐 드린 분이 일 년 후 은퇴하게 되면서 나를 강력 추천해 주신 덕분에 하이네켄에 기회가 생겼다. 적극적인 태도로 도전한 덕분이다.

그렇게 하이네켄 일을 시작하면서 꿈이 이루어졌다. 전 세계 하이네켄 공장이 있는 멕시코, 나이지리아, 알제리, 베트남, 캄보디아 등의 나라들을 다니며 책임 엔지니어로 살고 있으니 말이다.

지금 하고 있는 일의 특성상 많은 나라 사람들과 같이 일을 하고 다양한 업체들을 만나게 된다. 대개 처음 이메일로 대화를 주고받다가 일이 진행되면 미팅을 하는데, 대부분의 경우는 첫 인사가 "여자분이셨군요."라는 반응이다. 적은 나이는 아니지만 작은 동양 여자라는 생각에 만만하게 본다는 경험도 가끔 하게 된다.

하지만 처음에 힘들게 시작한 만큼 보람도 배가된다. 만만하게 보던 업체들이 실력을 인정해 주고 의구심을 가지던 지사들에서 나를 지목하는 요청을 받게 될 때 아직 현장에서 열심히 일하고 있는 것에 대한 자부심도 생기고 열심히 해야겠구나 하는 다짐도 하게 된다.

## 워킹맘의 딜레마 ____.

공부와 일에 빠져 아이를 좀 미룬 탓에 40대 초 한창 회사일도 제일 바쁘고 아이도 아직 어린 지금 나는 항상 갈등한다. 일과 가정생활에 균형을 맞추는 것처럼 힘든 일이 없다. 일을 정말 "잘" 하려면 남들보다 더 많은 시간이 들기 마련이고 조금만 집중을 해도 가정생활에 쏟아부어야 하는 시간까지 금세 일을 하게 되기 마련이다. 아직 아이가 손이 많이 가는 나이이고 출장도 가끔 가야 하는 직업이다 보니 균형을 맞추는 일이 더더욱 쉽지 않다. 아마 전 세계 모든 나라의 워킹맘들의 공통된 고민이지 싶다.

그럴 때마다 아이를 출산하고 연락 드렸을 때 내 멘토 오명숙 교수님께서 하신 이야기가 생각난다. "힘들 거야. 잘하려고 하지 말고 살아남아라." 일과 가정생활을 동시에 완벽을 기해 나아가다 결국 회사를 그만둔 많은 친구들 선배들을 보며 자주 그 말을 떠올린다. 다행히 유동적인 시간 조정과 사회 분위기 덕분에 자주 아이의 일로 휴가를 내기도 하고 재택근무를 한다.

아이의 일과 관해서는 유동적이고 관대한 사회라는 것도 직장 생활을 유지하는 데 큰 도움이 된다. 하지만 이 믿음을 얻기까진 쉽지 않았다. 집에서 일하는 시간에도 확실히 내 일 처리를 해두고, 출장을 줄이더라도 일에 차질 없이 마무리하려고 다른 사람들보다 꼼꼼하게 점검했다.

처음엔 같은 직책에 나보다 더 많이 출장을 다니는 다른 동료들을 보며 불안하기도 하고 뒤처지는 느낌을 받았지만 지금은 내가 제일 잘할 수 있는 일을 선택하여 해내고 있다. 그 덕분에 동료들 중 제일 먼저 시니어로 승진도 했으니 잘하는 일을 선택 집중해서 해낸 것에 대한 성과를 받은 셈이다.

# 세계로 진출하는 여성 엔지니어 _____.

나의 20대를 생각하면 참 용감했다 싶을 정도로 많이 도전했고 많이 실패했다. 실패들 속에서 선택과 집중을 통해 작지만 하나씩 이루어 갔던 그 경험들은 아직도 큰 도움이 된다. 적어도 그런 선택들과 실패들을 통해 내가 원하는 것들을 찾아갈 수 있었고 지금까지 계속할 수 있으니 말이다.

내가 공대를 나왔다는 게 참 다행이라는 생각을 자주 하게 된다. 한국에서 유학이나 이민을 선택해서 미국 유럽 쪽에 나오게 된 많은 분들을 만나면 취업을 알아보려고 해도 항상 현지인보다 뛰어나지 못한 언어 때문에 인터뷰 기회조차 얻지 못한다는 말을 많이 들었다. 기술직은 조금 다르다. 엔지니어링 언어는 전 세계 공통이다. 한국의 고등교육·대학교육은 외국에 비해 전혀 뒤처지지 않는다.

확실한 기술이 있는 한 외국에서 취업은 어렵지 않다는 걸 외국 사는 햇수가 쌓일수록 느낀다. 재정형편 때문에 어학연수나 유학은 힘들었지만, 공대였기에 대학원 장학금이 가능했고 교수님 밑에서 Research assistant로 일하며 생활비를 벌며 일할 수 있는 기회를 잡았다. 그래서 넓게 세상을 보고 경험하고 싶은 친구들에겐 더더욱 엔지니어링 전공을 권한다. 전 세계 어딜 가도 통용되는 기술 매력적이지 않은가.

더 많은 엔지니어링을 전공한 친구들이 현장에서 뛰고 한국뿐이 아니라 전 세계로 진출해서 여성 엔지니어가 더 이상 소수가 아닌 상황을 바란다.

# Shoot for the moon!
## 꿈을 향해 달린다

## 황 예 진
인하대학교 화학공학과 조교수

인하대학교 화학공학과를 졸업 후, University of Washington 화학공학과에서 석사 학위와 박사 학위를 취득하였다. 박사 과정 동안 유기반도체의 디자인 및 합성과 유기 전자/에너지 소자에의 적용 등을 연구하였고, Massachusetts Institute of Technology 화학공학과에서 박사 후 연구원으로 Flow chemistry와 의약품의 연속 유기 합성 공정 설계 및 개발에 관한 연구를 진행하였다. 현재 인하대학교 화학공학과에서 조교수로 재직하며 특히 여성 후배의 양성에 큰 관심을 가지고 있다.

Shoot for the moon. Even if you miss, you will land among the stars."라는 말이 있습니다. 목표를 높게 세우고, 그 목표를 이루기 위해서 노력하다 보면 목표에 도달하지는 못할지라도 그 목표에 근접한 곳에 도달하여 있을 것이라는 뜻으로, 저의 좌우명이고 후배들에게 꼭 전하고 싶은 말입니다. 미래의 여성 엔지니어, 이공계 후배들이 여성이라는 틀에 갇히지 않고 더 큰 꿈을 갖고 그 꿈을 이루기 위해 조금 더 힘을 내기를 바라는 마음으로 저의 경험과 그 경험들 통해서 배운 것들을 나누고자 합니다.

## Shoot for the moon! ———•

고등학교 2학년 때 이과와 문과로 학급이 나뉘면서 나는 다른 과목에 비해 수학과 과학을 조금 더 잘한다는 단순한 이유로 이과를 선택하였고, 그렇게 이공계로 첫발을 내딛었다. 그 후 수학과 과학에 치우쳐 공부를 하다 보니 점점 더 문과 과목들과는 멀어져 갔고, 사람은 본인이 잘하는 분야를 좋아하는 성향이 있어서일까? 난 점점 더 이과의 성향이 되어 갔다.

화학공학과를 선택한 이유 또한 단순했다. 과학 중에서 특히 화학을 좋아했기 때문이다. 대학에 들어와서 공부를 하다 보니 화학공학이 화학뿐만 아니라 상당 부분의 물리가 관여된 학문이라는 것을 알게 되었지만 그래도 다행히 나의 선택에 후회는 없었다. 화학공학에는 거의 모든 이공계 학문 분야에 나아갈 수 있는 포괄성, 다양성이 있었기 때문이다.

대학에 입학해서도 뚜렷한 꿈은 없었다. 꿈에 대해 진지하게 생각해 볼 기회가 없었다고 하는 것이 맞을 수도 있겠다. 그저 대학생으로서 내가 해야 할 일, 강의를 열심히 듣고 성실히 공부해서 학점을 잘 받는 일에 집중했다. 그러던 중 나의 터닝 포인트는 대학교 2학년 물리화학 강의 시간에 찾아왔다.

당시 갓 부임하셨던 어느 교수님의 수업이었고, 처음으로 미국 유학에 관한 이야기를 들을 수 있었다. 교수님께서 유학을 가시게 되었던 동기, 당시 유학 생활을 하고 있는 선배들의 이야기 등등 너무 신선했다. 공부를 끝까지 해 봐야겠다는 막연한 생각은 있었지만 구체적인 계획이 없던 내가 진지하게 인생의 목표를 고민하기 시작하였다.

나는 유학을 가서 조금 더 큰 세상에서 공부를 해 보고 싶었다. 공부를 마친 후에는 학생들을 가르치고 연구도 할 수 있는 교수가 되고 싶었다. 최근 여학생의 비율이 20%를 넘어선 화학공학과는 여학생 비율이 공대의 다른 과에 비해서 많은 편이다. 그 당시에도 많은 수의 여학생들이 화학공학과에 있었다. 그러나 대학교 2학년 때까지 내가 들은 강의의 담당 교수님들은 100% 남성이었다.

과연 내가 교수가 될 수 있을까? 내가 만약 여성인 교수가 한 명도 없는 다른 과의 학생이었다면 조금 더 고민을 했겠지만, 다행히 화학공학과에는 한 분의 여성 교수님이 계셨다. 개인적으로 상담을 받아 본 적은 없었지만, 여성 교수님이 존재한다는 그 자체만으로도 나에게는 큰 힘이 되었다. 나도 한번 해 보자! 나는 미국 유학을 결심했고, 교수가 되겠다는 목표를 세웠다.

꿈이 생기니 꿈에 도달하기 위한 필요조건들을 찾게 되고, 그 조건을 만족시키기 위해 더 열심히 생활할 수 있었다. 나는 기본적으로 학점을 높게 유지하려 노력했고, 영어 공부에도 소홀하지 않았다. 그 결과 3학년 2학기에는 원했던 영어점수를 받을 수 있었고, 4학년 1학기에는 미국 대학원 지원에 필요한 GRE 시험 준비를 시작하여 조기 졸업 후 대학원 지원에 필요한 모든 준비를 끝마쳤다.

내가 나의 학생들에게 본인의 미래에 대한 고민을 하고 목표는 최대한 빨리 세우는 것이 중요하다고 말하는 이유가 여기에 있다. 목표가 있어야 동기부여가 되어 더 열심히 생활할 수 있고, 목표를 이루기 위해 계획하고 준비할 수 있는 시간이, 그 기회가 늘어나기 때문이다. 드디어 2009년 3월 University of Washington 으로부터 학비와 생활비 지원이 약속된 석·박사 통합과정에 입학 합격 통보를 받았고, 나의 꿈에 한 발짝 더 가까워질 수 있었다.


## 자존심이 아닌 자신감을 세우자 ____.

2009년 9월 9일, 나는 시애틀행 비행기에 올랐고 7년 4개월간의 미국 유학 생활은 시작되었다. 9월과 10월, 환상적인 날씨의 시애틀에서 그렇게 원하던 미국에 왔다는 만족감과 함께 행복한 날들을 보냈다. 그러나 그 행복감은 오래가지 않았다. 비가 오기 시작했고, 첫 학기 잘 들리지 않는 영어로 진행되는 4개의 전공 심화과정 수업을 따라가기가 벅찼다. 매주 모든 수업에는 과제가 있었고, 같은 반 미국 학생들이 4시간이면 끝내는 과제를 나는 8시간 이상 매달려야 했다. 나의 자존감이 바닥으로 떨어진 시기였다.

극도의 스트레스와 함께 몸까지 아팠다. 감기에 걸려 목이 너무 아파 한인마트에서 사다 두었던 아끼는 유자차를 꺼냈다. 그런데 병뚜껑이 열리지 않았다. 지금 생각하면 아무것도 아닌 일이지만, 도와줄 사람이 아무도 없다는, 혼자 낯선 곳에 덩그러니 남은 듯한 외로움 때문인지 그땐 참 많이 울었다. 그리고 내 자존심 때문에 도움의 손길에 소극적이었던 내 자신을 반성했다.

같이 수업을 듣는 미국 학생들은 상당히 호의적이었다. 수업이 끝나면 나에게 먼저 다가와 어려운 점은 없는지 물어봐 주고, 힘들면 같이 공부를 하자고 스터디 그룹에 들어올 것을 권유했다. 그러나 나는 나의 약한 모습을 보이는 것에 익숙하지 않았고, 강한 척 매번 그들의 호의를 거절했었다.

도움이 필요할 때 도움을 요청하는 것은 창피한 일이 아니다. 그 도움을 통해 내가 더 발전할 수 있다면 감사히 도움을 받으면 된다. 그 후 나는 같은 반 친구들에게 먼저 다가가려고 노력했고, 그들의 도움을 감사하게 받아들이기 시작했다. 그리고 이 작은 변화는 나에게 커다란 선물을 가져다주었다.

처음에는 나의 영어 실력이 창피하여 대화를 피하려고만 했지만, 용기를 내어 말을 건네기 시작하였다. 같이 공부를 하다 보니 혼자라는 외로움에서 벗어날 수 있었고, 외국 학생들과 같이 지내는 시간이 많아질수록 그들의 성숙함을 배울 수 있었다.

"괜찮아, 나는 네가 대단하다고 생각해. 나는 영어밖에 못하지만,

넌 한국말도 할 수 있고, 영어도 이만큼이나 하잖아?" 음식점 점원이 나의 말을 못 알아들어 얼굴이 빨개진 나에게 한 친구가 해 주었던 말이다. 창피해할 것이 아니라 자신감 있게 다시 한 번 말하면 될 일이었다.

친구들의 도움으로 언어가 늘었고, 처음엔 같이 공부하고 과제를 하면 도움을 받기만 했지만, 시간이 지나면서 나도 조금씩 도움을 줄 수 있는 입장이 되었다. 자존심을 세우지 말고, 자신감을 세우는 것이 맞다. 미국에서의 첫 1년 동안 많이 힘들었지만, 주변의 도움으로 많이 성장하였고 잘 버틸 수 있었다.


## 도전하는 사람은 아름답다 ———•

나의 꿈, 나의 목표는 교수가 되는 것이었다. 학교에 지원을 했을 때, 다른 지원자들과 경쟁할 수 있는 나만의 경쟁력이 있어야 했다. 그 경쟁력을 갖추기 위해 최대한 많은 연구 성과를 낼 수 있도록 남은 박사 학위 과정 동안 남들보다 더 열심히 했다고 자부한다. 노력은 배반하지 않는다. 100%는 아니지만 내 스스로 나름 만족할 만한 연구 성과가 나왔고, 박사 학위를 받을 수 있었다.

모든 연구 분야에는 한계가 있다. 나의 연구 분야도 마찬가지로 어떤 한계가 있었고, 그 한계점을 해결하기 위해서는 다른 연구 분야의 전문성이 필요했다. 그러나 나에게 익숙했던 연구 분야가 아닌 완벽히 다른 연구 분야에서 새로 시작한다는 것은 생각처럼 쉬운 일은 아니었다. 박사 후 연구원을 지원할 당시, 편하게 익숙한 연구 분야에 지원할 것인지 또는 새로운 분야에 도전할 것인지 많은 고민을 하였다.

그때 선배가 나에게 해 준 말이 있다. "박사 학위라는 것은 내가 어떤 한 분야의 전문가임을 증명하는 것이 아니라, independent researcher로서 스스로 연구할 수 있는 자질을 갖추었다는 것을 의미한다." 큰 용기가 생겼다. 도전하는 사람은 아름답다! 한번 도전해 보자!

결국 나는 그동안 연구했던 것과는 많이 다른 새로운 연구 분야 교수님의 연구실에서 박사 후 연구원 생활을 시작하였다. 많이 힘들었지만 박사 과정을 새로 시작한다는 마음으로 열심히 배웠다. 박사 학위가 있는 나였지만, 같은 연구실의 학부생들에게도 배울 것이 있으면 질문하고 배우려 노력했다. 모르는 것을 물어보는 것은 창피한 것이 아니다. 누구에게든 물어서 알고, 본인이 발전할 수 있다면 그만인 것이다.

지금 생각하면 나의 도전과 나의 선택에 감사하다. 고생을 했더라도 나의 전문성을 더 다양한 연구 분야로 넓힐 수 있었기에 교수가 된 지금 더 다양한 연구 분야에서 일을 할 수 있게 된 것 같다.


## 꿈을 이루다 ____.


7년 4개월이라는 긴 미국 유학 생활을 마치고, 2017년 나는 꿈을 이루었다. 지금의 나는 또 다른 꿈을 꾼다. 교수라는 직업은 생각보다 책임감이 큰 자리이다. 나의 말 한마디에 한 학생의 미래가 바뀔 수도 있는 무거운 자리이다. 특히나 학과 내의 유일한 여성 교수로서 더 큰 책임감을 느낀다.

　나의 새로운 꿈은 우리 학과뿐만 아니라 멋진 엔지니어를 꿈꾸며 공과대학에 재학 중인 여학생들에게 힘이 될 수 있는 교수가 되는 것이다. 내가 그랬듯이 나를 보고 꿈을 키울 수 있도록, 내가 더 멋진 엔지니어, 더 멋진 교수가 되어야 한다고 생각한다. 이 꿈을 이루기 위해서 자신감을 가지고, 새로운 것에 끊임없이 도전하며, 지금까지 해 왔던 것보다 더 많은 노력을 할 것이다.

"
4차 산업혁명 시대의
흐름에 병행한
여성 엔지니어들의
창업 이야기
"

김송현    권은경    권선주

엄수원    정재숙

CHAPTER_ **02**

# 함께 성장하는
# 창업의 길

창업,
나의 이야기

권선주

(주)블루클라우드 대표이사

● 　　권선주 대표는 두 번의 창업과 한 번의 엑시트(exit)를 경험한 연쇄 창업가이다.
현재 기능성 게임 및 디지털 헬스케어 스타트업인 블루클라우드를 경영하고 있다. 여성 창
업과 리더십에 영감을 주는 일이라면 기꺼이 나선다.

# 창업이란 ____.

많은 학생들과 엔지니어들이 창업을 꿈꾼다. 창업을 독려하는 사회적인 분위기뿐 아니라 정부의 실질적인 자금 지원 정책 등도 있어서 예전보다 창업을 현실적인 선택지로 받아들이는 것 같다. 창업을 통해 실제로 현실을 개선하고 자신의 비전을 실현할 수 있다는 점도 창업의 매력으로 꼽히는 것 같다.

그러나 여학생과 여성 엔지니어로 한정 지어 보면 상황이 좀 다르다. 통계를 보면 우리나라에 여성이 대표인 사업체가 10개 중 4개이다. 그러나 대부분 소상공인인 경우가 많다. 흔히 우리가 창업이라는 말에서 떠올리는 스타트업, 벤처, 중소기업에서는 여성 대표 비율이 30%가 채 되지 않는다. 왜일까?

여러 가지 이유가 있겠지만, 노출되는 롤모델이 적다는 것이 큰 이유 중 하나일 것이라 생각한다. 우리가 미디어에서 흔히 접하게 되는 CEO들은 대부분 남성이다. 언론에서 많이 다루는 대기업의 경우 여성 임원이 6%에 지나지 않는다. 다행히 이러한 상황에서도 여성 창업은 꾸준히 늘어나고 있다. 미래의 여성 CEO를 위해 앞서 창업한 선배 여성 창업자들이 보다 적극적인 응원을 할 필요가 있다고 생각한다.

창업이란 무엇일까. 우리는 창업(創業)의 사전적 의미 그대로 사업을 시작해서 그것을 통해 사회적 변화를 일으키고 부(富)를 일군 사람들의 이야기를 자주 접한다. 그들이 얼마나 열정적이고 얼마나 능력 있으며 얼마나 괴짜인지. 그런 이야기들을 보다 보면 창업이란 특별한 사람들이나 하는 아주 어려운 일 같이 느껴진다. 그러나 세상에 존재하는 기업의 수만큼 다양한 창업자의 스타일이 존재한다.

그 많은 창업자 중 나의 이야기를 사례로 공유하려고 한다. 후배 여성 창업가들을 위해 내가 실제로 두 번의 창업을 했던 경험을 통해 창업에 대해 배운 것들을 간단히 정리해 보도록 하겠다.

## 창업의 3요소 ____.

내 첫 번째 창업은 2000년 여름, 대학교 3학년 때였다. 다른 대학생들과 똑같이 나도 진로와 직업에 대해 고민을 하고 있었다. 그 당시에 지금의 스타트업 붐과 비슷한 벤처 붐이라는 것이 있었고, 신문 등을 통해 많은 성공담을 접할 수 있었다. 그런 성공담들을 통해 언젠가 나도 창업이란 것을 할 수 있지 않을까 막연히 생각하고 있었다.

나는 원래 게임을 좋아했다. 어릴 때부터 많은 게임을 플레이했고, 게임이야말로 사람들의 삶을 풍요롭게 해 줄 수 있는 매체라고 생각했다. 언젠가 내가 직접 게임을 만들 것이라는 꿈도 늘 품고 있었다. 게임 회사를 창업하겠다는 꿈은 아니었다. 다만 게임을 만드는 일을 할 수 있으면 좋겠다고 생각했을 뿐이었다.

국내에 '모바일 게임'이란 플랫폼이 등장했을 때, 이것이야말로 내가 게임을 만들 수 있는 기회라고 생각했다. 왜냐하면 PC나 온라인 게임에 비해 제작비가 적게 들었기 때문이다. 당시 핸드폰은 지금 '피처폰'이라고 하는 것들이었다. 초기에는 화면도 흑백이고, 사운드도

화음이 아니라 단음으로 나왔다.

창업을 결심한 순간은 그리 거창하지 않았다. 모바일 게임이라면 돈 없는 대학생인 나도 직접 개발할 수 있을 것 같았고 자연스레 창업을 할까 하는 생각을 하게 되었다. 그 후, 바로 서점으로 가 창업 관련된 책을 찾아보았다. 당시는 인터넷 포탈 검색 같은 것이 활성화되지 않은 상황이었기에, 좋은 자료를 찾으려면 책을 찾아보아야 했다.

서점에는 당연히 IT기업의 창업 실무와 관련된 책이 없었다. 다만 개인사업자와 법인사업자, 회계에 대한 기초를 다룬 만화책을 한 권 발견했었다. 무식하면 용감하다고 했던가. 그 만화책을 한 번 읽은 후 창업, 즉 사업자등록의 행정적인 절차가 그렇게 어렵지 않다는 것을 알게 되자 바로 창업을 진행했다.

창업을 위해서는 세 가지가 필요하다. 사업 아이템, 동료, 자금. 이 중 최소 두 가지가 준비되어야 창업의 실패율을 줄일 수 있다. 여기에서 사업 아이템은 아이디어와 그것을 구현할 수 있는 기술이라고 설명할 수 있겠다. 창업자가 기술을 완벽하게 가지고 있을 필요는 없다. 부족한 기술을 어디서 구할 수 있는지만 알고 있어도 된다. 동료는 아이디어를 함께 구현할 사람들이다. 공동창업자, 직원, 조언자를 모두 포함한다. 그리고 자금은 말 그대로 돈이다. 사업 자금, 법인의 자본금, 투자금 등등….

나는 모바일 게임이라는 아이템과 동료가 준비된 상황이었다. 동료라고 해도 공동창업자 같은 것은 아니었다. 다만 운 좋게도 많은 친구들이 엔지니어나 관련 전공의 학생들이었고, 그 덕분에 아이템에 대한 기술적인 조언들을 공짜로 얻을 수 있었다. 그리고 그들의 친구와 지인들을 직원으로 소개받을 수 있었다. 사무실도 친구의 도움으로 다세대 주택 지하 창고를 보증금 없이 저렴하게 빌릴 수 있었다. 창문도 없는 진짜 창고였지만, 정말 즐거운 마음으로 내부 벽 페인트칠을 하고 사당동 가구 거리를 드나들며 중고 책상 등을 사서 사무실을 채워 가던 기억이 난다.

어떤 게임을 만들지 아이템을 어느 정도 구체화한 후, 세무서에 가서 먼저 개인사업자 등록을 했다. 개인사업자로 일을 진행하다가, 법인이 필요한 시점이 되면 법인 전환을 할 생각이었다. 사실 사업자등록은 좀 미뤄 둬도 된다. 요즘은 사업자등록을 하지 않고 팀 빌딩 후 아이템 개발을 먼저 진행하다가 현실화 가능성이 어느 이상 보이면 그때 사업자등록을 하는 경우가 대부분이다.

왜냐하면 개인사업자, 법인사업자 모두 사업자등록을 하는 순간 관리를 위한 비용이 추가되며, 혹시 실패할 경우 사업자를 정리하는 것에도 비용이 들어가기 때문이다. 물론, 사업자등록 전에 사용한 비용을 사업자의 적법한 지출로 인정받지 못해 세금이 좀 더 늘어나는 경우가 생길 수 있다는 단점도 있다.

이런 내용을 잘 알지 못했던 2000년도의 나는 사업자등록을 먼저 진행했고, 뒤이어 소개를 통해 직원도 뽑았다. 이 모든 일들이 눈 깜짝할 새에 진행되었다. 실제로 이런 일 그 자체가 어려운 일은 아니다. 다만 이런 일들은 가이드가 없고, 판단하고 결정할 기준이 없다는 것이 문제이다. 이 모든 일들의 책임을 창업자가 져야 한다는 것이 어려울 뿐이다. 실패를 두려워하지 않고 책임을 질 마음의 준비를 하는 것이 창업자의 준비 1단계가 아닐까 생각한다.

위에서 말한 창업에 필요한 3가지 중 가장 준비하기 어려운 것은 '사업 아이템'일 것이다. 많은 창업 준비생들이 '자금'을 가장 어려운 것으로 생각할 것 같다. 그러나 자금은 아이템이 있다면 오히려 구하기 쉬운 것이다. 정부의 창업지원 프로그램도 한 가지 방법으로 들 수 있고, 아이템이 떠올랐다면 자금 사정에 맞추어 그 아이템을 변형할 수도 있다. 정말 좋은 아이템이라고 확신한다면 투자자를 찾을 수도 있다. 이 책을 읽는 독자 여러분은 많은 언론 기사들을 통해 창업초기 기업을 지원하는 기관투자자, 즉 액셀러레이터들이 있다는 것도 알고 있을 것이다. 그들은 늘 새로운 창업자를 환영한다.

반면에 아이디어와 그것을 구현하고 뒷받침해 줄 수 있는 기술은 어느 순간 머릿속에 번개처럼 나타날 수도 있고, 몇 십 년을 고민해도 찾지 못할 수도 있다. 나처럼 늘 생각하고 주시하고 있던 분야에서 아이템을 찾을 수도 있고, 전혀 다른 분야에서 우연히 찾게 될 수도 있다. 그래서 아이템을 찾는 것은 어찌 보면 운에 가깝다고 할 수 있겠다. 관심 가지고 있는 분야에 대해 다양한 시각을 가지고 접근하는 것이 도움이 되리라 생각한다.

그런데 실제로 창업을 한 사람들의 말을 들어 보면 사업의 성패를 좌지우지하는 요소는 아이템이 아니라 처음부터 끝까지 '사람', 즉 동료라고 한다. 이것은 무슨 뜻일까? 기업은 한 사람의 힘으로 운영되지 않는다. 요즘은 '1인 기업'이라는 말이 유행할 정도로 기업의 많은 부분을 외주로 처리할 수 있다. 그러나 그런 1인 기업도 사업의 규모가 조금만 커지면 그때그때 단기계약직을 뽑거나 외주 용역을 주는 형식으로는 해결할 수 없어진다. 왜냐하면 외주 관리에 시간을 너무 많이 빼앗기게 되기 때문이다. 결국 동료를 구하고 업무와 권한을 나눌 수밖에 없다.

창업을 하고 직원을 한 명이라도 뽑게 되면, 곧바로 '사람 관리'에 어려움을 겪게 된다. 창업 초기 사람 수가 적을 때는 창업자의 매력으로 어느 정도 관리가 가능하다. 동아리 같은 분위기를 생각하면 될 것 같다. 그러나 사람이 4명, 5명만 되어도 운영 시스템이 필요하다. 거창한 인트라넷 같은 걸 말하는 것이 아니다. 근무 시간, 휴가, 보상, 징계 등에 대한 기본적인 규칙을 정해서 규칙대로 운영하는 시스템이 필요하다.

나의 이상향이 다른 사람의 이상향이 아니라는 기본적인 사실을 쉽게 잊게 되는 것이 경영자의 자리인 것 같다. 일례로, 창업 초기의 나는 유연근무제가 절대적으로 좋은 제도라고 생각했다. 그러나 얼마 가지 않아서 우리 회사 같은 조직에는 유연근무제가 어울리지 않는다는 걸 깨닫게 되었다. 모든 사람이 머리를 맞대고 커뮤니케이션 하면서 개발해야 하는 상황이었기 때문이다. 누군가가 자리에 없으면 업무가 진행되지 않기 일쑤였다.

창업 초기에 만든 회사 운영 시스템은 한 달이 머다 하고 바꿔야 했다. 그때는 자주 바꿔야 하는 상황이 창업자이자 경영자인 나의 무능을 나타내는 것이라 생각하여 우울했었다. 그러나 지금은 안다. 변경 그 자체는 전혀 문제가 아니다. 조직에게 변경되어야 하는 이유를 충분히 공유하고 대다수의 조직원들이 납득한다면 아무런 문제가 되지 않는다. (일각에서는 설득 능력이야말로 창업자에게 가장 필요한 능력이라고 말하기도 한다.)

스타트업은 모든 것이 자주 바뀐다. 회사의 규칙, 사람, 심지어 사업 아이템까지. 바꿔야 할 때 재빨리 움직일 수 있는 것이 스타트업의 강점이다. 또한 창업자도 조급해하면 안 된다. 갓 창업한 창업자는 신입사원이나 마찬가지다. 시행착오를 겪을 것을 각오하고 시작해야 한다. 그리고 다른 사람이 내 맘 같지 않다는 것을 늘 기억하기 바란다. 극단적으로 말하자면, 사람에게 너무 기대하지 말라고 할 수 있겠다.

경영자의 입장 및 시각과 직원의 입장 및 시각은 같을 수 없다. 나 역시 여러 시행착오를 겪으며 창업 초기를 보냈다. 일인다역을 해야 하는 스타트업답게 서툰 솜씨로 직접 코딩도 하고 기획서도 쓰고 그림도 그렸다. 다행히 좋은 동료들 덕분에 열악한 환경에서도 좋은 게임들이 나왔다. 시장에서 아주 좋은 반응을 얻은 게임도 있고, 묻힌 게임도 있었다. 투자를 받기도 하고 크고 작은 실패를 하기도 했다. 그렇게 8년을 경영한 후 회사를 M&A하게 되었다.


## 창업 후 실제로 만나는 것들 _____.

2010년에는 두 번째 창업을 하게 되었다. 첫 창업 후 10년간 게임을 만들며 머릿속에서 떠나지 않던 아이템에 새롭게 집중하기로 결심했다. 이 책을 쓰고 있는 지금도 두 번째 창업한 회사를 경영 중이다. 2000년 첫 창업 때는 신입사원과 다를 바 없었지만, 두 번째 창업을 할 때에는 조금 나았다. 그러나 창업 후 실제로 만나게 되는 것들은 변함없었다. 대표적인 세 가지를 꼽아 보라면 다음과 같은 것이다.

예상보다 빨리 줄어드는 통장 잔고
내부 불화
사업 아이템의 변경

자본금을 스스로 마련하든 투자를 받든, 회사 통장에 들어 있는 돈은 늘 생각보다 빨리 줄어든다. 일을 하다 보면 생각하지 못했던 지출들이 계속 발생한다. 쉽게 파악할 수 있는 인건비, 임차료 등도 생각보다 빠르게 상승하며, 사업을 계획대로 진행하기 위해 추가로 들어가는 각종 인증비용 등등도 실제로 진행하기 전에는 파악하기 쉽지 않다. 또한 수금은 언제나 늦어지기 마련이다. 창업 초기에는 늘 비용(원가)을 정확하게 계산하는 습관을 가져야 하며 가급적 지출을 아끼는 것이 좋은 방법이라고 생각한다. 미디어에서 보여 주는 '화려한 스타트업' 이미지에 혹하지 않기를 바란다.

내부 불화가 생기는 것도 각오해야 한다. 사업이 순조롭게 커져 가면 경력자 등 다양한 사람들이 합류하게 된다. 멤버들 간에 불화가 생기는 것은 어찌 보면 당연한 일이라고 할 수 있다. 창업자는 이런 문제를 최소화하기 위해 노력하겠지만, 사람 문제는 어느 누구도 완벽하게 해결할 수 없다. 냉정한 시선으로 조직을 평가하며 방향키를 돌릴 수밖에 없다. 창업자는 '쓴소리를 하는 나쁜 사람'이 되는 것을 회피하려고 해서는 안 된다. 조직이 리더에게 원하는 역할은 '좋은 사람'이 아니다.

사업 아이템의 변경도 생각보다 흔한 일이다. A라는 아이템으로 사업을 시작했는데 개발하다 보니 B가 나은 것 같아 변경되는 경우도 있고, A를 출시했다가 실패하고 B를 시도하게 되는 경우도 있다. 아이템의 선정과 변경 모두 많은 고민이 필요한 것이지만, 변경을 실패라고 생각하면 안 된다. 우리는 변경한 아이템 혹은 실패 후 찾은 새 아이템으로 성공한 많은 스타트업들을 알고 있다. 대표적인 예로 '트위터'를 들 수 있겠다.

또 A라는 아이템에 B라는 새로운 요소를 얹어서 성공하는 경우도 있다. '카카오톡' 같은 경우는 메신저라는 기존 아이템으로는 수익을 내지 못했지만, 카카오톡 게임이라는 새로운 요소를 얹어 크게 성공할 수 있었다. 초보 창업자들은 창업 당시 외부에 알린 비전을 수정하는 것이 창피하다는 이유로 아이템의 적극적인 변경을 꺼리다가 주저앉아 버리는 경우가 의외로 많다. 아이템의 변경이 흔히 일어나는 일임을 알고 적극적으로 대처했으면 한다.


## 여성 창업자 ____•

첫 장에서 말했듯이 창업자는 다양한 스타일이 있다. 개개인의 차이가 있을 뿐 여성 창업자 남성 창업자로 나뉘지도 않는다. 그러나 아직 여성 창업자에게 유독 색안경을 낀 평가가 내려지곤 한다. IT에 약하거나 남자 직원들을 잘 다루지 못할 것이라는 편견도 있다. 업무상 미팅에서 성희롱을 겪기도 한다.

첫 번째 창업 시기에는 내가 어린 여성이었고, 대부분의 직원들이 나보다 나이가 많았다. 그러다 보니 리더십에 대한 외부의 의심을 많이 받았다. 예를 들어 내가 그냥 얼굴 마담일 뿐이고 회사 실세가 따로 있을 거라는 어이없는 소문도 들어 본 적 있다. 두 번째 창업을 한 때는 어느 정도 나이도 들었고 경력도 있었지만 여전히 여성 창업자에 대한 차별 대우에 여러 번 화가 난 기억이 있다. 업무 미팅에서 초면인 상대가 나를 제쳐 두고 동석한 우리 회사 남성 이사와 대화를 하려는 경우가 드물지 않았다.

미국 실리콘밸리에서조차 여성 창업자는 남성에 비해 투자를 잘 받지 못한다는 통계가 있다. 이런 일들에 대처하는 정답이 있지는 않을 것이다. 예전에는 분명 이런 일들을 공론화할 수 없는 분위기가 팽배했다. 그러나 지금은 다르다. 불합리한 일을 당했을 때 다른 여성들을 위해서라도 좀 더 또렷하게 목소리를 내는 분위기가 조성되고 있다. 여성 창업자가 늘어날수록 우리를 둘러싼 환경이 더욱 좋아지리라 생각한다.

마지막으로, 여성 창업자의 인생에서 빠뜨릴 수 없는 주제에 대해 이야기하고 싶다. 두 번째 회사를 시작한 초기, 나에게 위기가 찾아왔다. 많은 여성들이 겪는 임신, 출산, 육아라는 고비가 내게도 찾아온 것이다. 계획하지 않았던 임신은 회사 업무에 적지 않은 방해가 되었다. 그렇다면 여성 창업자는 자녀를 포기해야 하는 것일까? 어떤 여성 창업자는 임신을 했을 때 투자자들에게 죄책감을 느꼈다고 말하기도 했다.

그런데, 거꾸로 물어보고 싶다. 우리가 창업을 해 목표로 하는 타

깃 시장이 어디든 간에 그 시장에는 사람들이 있다. 그 사람들 중 대부분이 임신, 출산, 육아를 직간접적으로 경험한다. 이런 경험을 해 보는 것이 그 시장을 이해하고 좋은 제품과 서비스를 만드는 데 큰 도움이 되지 않을까? 임신과 출산, 육아를 경험해 보고 대처해 보는 것은 조직과 사회에 대한 이해도를 크게 늘여 주었고 내가 그전에 알지 못했던 새로운 시장에 대해서도 알게 해 주었다. 실제로 우리 회사는 나를 포함한 남녀 동료들의 육아 경험을 통해 아동용 게임을 만들어 성공적인 결과를 내기도 했다.

지금 나는 두 명의 아이를 키우고 있다. 한 가지만 당부하고 싶다. 혼자서 너무 많은 것을 짊어지려 하지 말고 적극적으로 주변의 도움을 구하라고 말이다. 슈퍼우먼이 되려고 하면 안 된다. 창업을 하고 기업을 키워 실현하고 싶은 비전이 있다면, 당장 엄마가 나가서 버는 돈보다 베이비시터 등에게 들어가는 돈이 더 많다고 생각해서는 안 된다. 육아와 가사 외주 비용은 엄마 아빠가 50%씩 부담한다고 계산해야 한다. 그리고 그 비용은 엄마의 경력 단절을 막고 미래의 높은 수입과 성취를 얻기 위한 투자라고 생각해야 한다.

창업은 어려운 일이 아니다. 다만 창업한 기업을 유지하고 성장시키는 것이 어려울 뿐이다. 창업을 한번 해 본 사람이 또 창업을 한다고 한다. 이 책을 읽고 많은 여성 연쇄창업자가 탄생하길 기원하며 나의 이야기를 마무리한다.

끊임없이
성장하는 것이 목표다

| 권 은 경

디엔엑스 대표 / 계원예술대학교 시각디자인과 교수

연세대학교에서 전산과학과 학사와 석사를 마치고 이화여자대학교에서 컴퓨터
공학 박사를 마쳤다. 석ㆍ박사는 모두 IT 관련 회사를 다니면서 병행하여 남들보다 촘촘한
경력을 갖고 있다. 10년간의 산업체 경력을 바탕으로 계원예술대학교 정보통신과 교수로
부임했다. 임베디드소프트웨어과, 인터랙티브미디어트랙을 거쳐 현재는 시각디자인과 소속
이다. IT전공에서 디자인으로 전환해 온 경험을 기반으로 웨어러블 IoT 디바이스 전문 스타
트업을 창업하여 현재 교수와 대표를 겸직하고 있다. 세계 최초의 인체통신 제품 출시를 통
해 Safety & Care 글로벌 기업으로 성장하고자 한다. 실천적인 창업 경험은 대학의 수업
을 통해 학생들과 함께 나은 세상을 만드는 데기여하고 싶다.

## 취미는 언젠가 업이 되기도 한다 ____.

대학을 졸업하면서 공부를 더 하고 싶었지만, 경제적인 이유로 취업을 결정했다. 한국국방연구원(KIDA)에서 근무하면서 공부를 이어가지 못하는 허전함을 달래고자 수채화를 배우기 시작했다. 화실에서의 물감 냄새가 막연한 설렘을 주었기에 시작한 취미 생활이었다. 나중에 내가 예술디자인 대학으로 부임하고 디자인으로 커리어를 전환해 갈 것을 전혀 예측하지 못했다.

하지만 취미로 시작한 그림 공부도 학업에 대한 욕심을 채우기엔 부족했다. 결국 회사를 다니면서 석·박사를 병행할 것을 결심했고, 이때부터 일과 학업의 바쁜 일상은 시작되었다.


## 세 가지를 병행하면서 생긴 투지력 ____.

직장을 옮기고 결혼을 하고 육아를 하면서 박사 과정을 시작했다. 남들은 두 가지를 하면서 힘들다고 하는데, 나의 일상은 일과 육아와 학업의 세 가지가 섞여서 돌아갔다.

전산 전공을 살려 정보시스템부 개발실에서 전문직으로 근무했지만, 1990년대는 직장에서 여성이 자신의 능력을 온전히 인정받기에 녹록하지 않았다. 직급에 관계없이 모든 여직원에게는 예절 관련 권장 도서를 배포하는 등 크고 작은 난관을 하나씩 극복해야 했다.

그리고 직장에서 집으로 귀가하면 늘 육아와 가사가 또 대기하고 있었다. 그럼에도 업무와 학업의 병행은 끈기와 투지력을 길러 주었고 어렵지 않게 대학 교수로 부임하는 행운을 안겨 주었다.

## 위기는 곧 기회가 된다 ____.

계원예술대학교는 국내 유일의 조형 예술 기반 특성화대학으로, 대부분 전공은 예술과 디자인 관련이다. 나는 컴퓨터공학의 전공을 살려서 그중에 유일한 IT 전공인 정보통신과 교수로 1999년에 부임하게 되었다. 예술대학에서 IT 전공은 비주류였기에 부임 후 몇 년 지나지 않아 어려움이 닥쳤다.

정보통신과는 예술디자인에 맞게 변신을 해야 했다. IT가 예술디자인과 만나는 접점을 찾아보는 중에 유비쿼터스 세상이 올 것이라 생각되었다(유비쿼터스 'Ubiquitous'는 라틴어 'ubique'가 어원으로 '편재한다', '어디든 존재한다'는 뜻이다. 언제 어디서나 의식하지 않고 지능화된 공간이나 사물 환경을 의미한다). 2004년에 임베디드소프트웨어과를 주도적으로 신설하였다. 주변 전문가에게 자문을 구하면서 커리큘럼을 만들고 학과 이름도 정했다. 잘 만들어도 고등학교 입시생들에게 제대로 홍보하지 않으면 실패였다. 홍보전단지를 만들어서 일일이 고등학교를 방문하였고 학과 홈페이지를 직접 제작하였다(그 당시는 학과 홈페이지도 흔하지 않은 편이었다).

국내 최초의 임베디드소프트웨어과는 성공과 실패를 거듭하면서 5년간 유지되었고, 이것이 내가 창업을 할 수 있었던 첫 번째 중요한 경험이다. 학과가 구조 조정되는 중심에 서서 내가 피해를 본다고 불평하거나 다른 학교로 이직하는 것을 생각할 수도 있었지만, 나는 그 위기를 고스란히 나의 기회로 받아들여 귀중한 경험을 얻으면서 성장할 수 있었다.

## 숨은 재능을 발견하다 ____•

내가 예술대학으로 부임한 것은 신의 한 수라 생각한다. 의도하진 않았지만 말이다. 예술대학의 특성상 동료 교수들은 모두 디자이너와 예술가들이다. 학생들은 모두 미술을 공부한 예비 예술가들이다. 학교가 진행하는 프로젝트는 예술과 디자인을 연구하는 주제들이다. 내가 졸업 후 막연히 시작했던 그림 공부와 내가 화실에서 느꼈던 설렘은 결코 지나가는 징조들이 아니었다.

나는 흥미롭게 주변을 탐색하고 학습하면서 제2의 성장기를 갖게 되었다. 적응력이 빠르고 호기심이 많은 나의 성격은 예술 대학의 환경을 좋은 학습의 기회로 삼았다. 더불어 IT 전공자가 부족한 학내에서 나만의 고유 재능을 발휘함으로써 필요한 구성원이 될 수 있었다.

"신발회사가 직원 두 명을 미개발 지역으로 출장 보내서 수출 가능성을 타진해 오라 했다고 한다. 이때 두 명은 동일한 현상을 바라보고 완전히 반대의 보고를 했다고 한다. 한 명은 그곳은 아무도 신발을 신지 않고 있어서 판매 가능성이 전혀 없다고 했다. 다른 한 명은 그곳은 아무도 신발을 신지 않고 있으니 모든 사람에게 팔 수 있어서 최고의 시장이라고 했다."

이처럼 어떤 시각으로 현상을 받아들이는가에 따라 전혀 다른 결과를 가져오듯이, 나는 예술대학의 IT전공 교수라는 약점을 긍정적으로 전환하였다. 그 과정에서 예술에 대한 사랑과 나의 숨은 재능까지 발견하는 좋은 계기가 되었다.

## 꿈꾸듯 실현해 보자 ____.

나의 논리적 사고력과 객관적인 관점이 장점이 되어 예술대학의 교학처장이라는 중요한 보직도 맡게 되었다. 우연인지 필연인지 세계적인 예술대학의 비전을 품고 부임하신 총장님의 지휘 아래 대학 혁신 프로그램을 총괄하게 되었는데, 이것이 내가 창업을 할 수 있었던 두 번째 중요한 경험이라고 생각한다.

변화는 늘 두려움을 동반한다. 그런데 두려움과 걱정에 비중을 두게 되면 부정적인 생각으로 주저하여 선택하지 못하게 되고, 새로운 기회에 비중을 두게 되면 긍정적인 생각으로 부딪치게 해 준다. 나는 항상 후자였다. 그렇기 때문에 새로운 경험이 쌓여서 또 새로운 기회를 만들어 주는 선순환을 한 것 같다.

## 창업의 꿈, 아직 버리지 않았다 ____.

IT업계에서 10년간 근무하면서 내 미래를 상상해 보았다. 여성이 산업체에서 승진을 통해 어디까지 갈 수 있을지 의문이 들었다. 그래서 대학 교수가 되고자 했고, 이미 나는 그것을 이루었다. 하지만 산업체에서 대학으로 일터를 옮겼을 때 한 가지 아쉬움은 남아 있었다. 바로 창업의 꿈이었다.

산업계에서 계속 일을 했다면 좀 더 가능했을 일인데, 학교로 이직하면서 창업의 꿈은 접어야 한다고 생각했나 보다. 늘 주변에서 창업을 하고 성공을 했거나 혹은 실패를 했던 친구와 지인들이 가까이 있었던지라 대리 만족을 하고 있었다.

그런데 학과를 신설하고 예술과 디자인을 학습하며 학교 개혁을 총괄했던 도전의 연속은 창업에 대한 오랜 열망을 다시 꺼내 들 수 있는 용기를 주었다. 2015년 1월 5일 ㈜디엔엑스를 창립하고 곧 벤처기업과 여성기업으로 등록하였다. 지금으로부터 약 14년 전에 유비쿼터스 세상을 대비하여 신설했던 학과의 내용처럼 이미 사물인터넷(IoT : Internet of Things) 시장이 도래했고 국내에 다양한 스타트업 육성 제도가 실행되고 있기에 이에 맞추어 웨어러블 및 IoT 디바이스 전문 회사를 차리게 된 것이다.


## 늦었지만 늦지 않았다 ____.

늦은 만큼 경력도 화려했다. 늦은 만큼 각오도 단단했다. 창업을 하고 전쟁터로 나아갔다. 학교에서 학생들과 호흡하는 것과는 전혀 다른 세상이었다. 투자자에게 프레젠테이션을 해도 학생들처럼 집중하는 것도 아니었고, 고객에게 제품 설명을 할 때에도 내가 말하는 것을 다 기다려 주지 않았다. 내가 들은 가장 힘든 말들은 "강의하듯 말한다."는 것과 "죽자 살자 해도 어려운 사업을 교수가 할 수 있을까?" 하는 것이었다.

창업한 지 3년이 지나면서 매출이 기대만큼 나오지 않아서 힘들 때, 투자사나 고객사를 만나서 외면받을 때마다 나를 되돌아보았다. 내가 왜 창업을 했는가? 학생들을 성심껏 가르치고 학생들의 성장을 바라보며 교육의 보람과 사명감을 무척이나 감사히 받아들이고 있는 나였기에 스스로도 궁금한 것은 사실이었다. 그 대답을 지금 찾은 것도 아니고, 그 대답이 진정 존재하는지도 모르겠다. 한 가지 명확한 사실은 나는 일이 즐겁고 끊임없이 성장하고 싶다는 것이다.

스티브잡스가 자신의 일생을 회고한 글에서 내가 무척이나 공감한 부분이 있다. "직관적으로 자신이 하고 싶은 것을 따라 움직일 때 그 점들이 자연스럽게 연결된다는 것이다. 그 당시 명확한 계획이 있는 것이 아니라는 것이다." 스티브잡스의 회고처럼 나도 그렇게 내가 원하는 것을 하나씩 열심히 시도하고 있는 것 같다. 내가 신설했던 학과의 내용처럼 내가 최신기술을 접목한 제품을 만들고 있으리라 그 당시 나는 상상하지 못했다.

## 경험만큼 자란다 _____•

내가 창업을 하고 온몸으로 겪어 내는 경험들은 이제까지 사회생활을 30년 넘게 하면서 겪어 온 것들보다 고민의 깊이, 선택의 신중함, 결과의 책임 등이 모두 달랐고 치열했다. 창업은 그만큼 힘들지만 가치가 있다. 다 될 것 같던 일이 엎어지는 좌절감과 엉뚱한 곳에서 기회를 발견하는 희열도 느꼈다.

해외에서 학위를 하지 않았고, 단 1년의 안식년 동안 미국에서 지낸 경험만으로 영어를 잘하기 어려워서 항상 불편함이 있었다. 그런데 스타트업 글로벌 경진대회, 해외 스타트업 로드쇼에 참여하면서 영어를 사용할 수밖에 없었다. 영국인 직원 채용, 글로벌 인턴십에 참여하는 미국 학생의 채용 등이 모두 영어 실력을 높이는 좋은 기회가 되었다. 이렇게 눈에 보이는 것만이 아닌 진정한 인생 공부를 하고 있는 느낌이다.

항상 마지막 기회라고 생각하고 최선과 열정을 다해야 한다는 것은

창업 후 첫 제품으로 베를린에서 열린 글로벌전시 IFA에 참석한 모습. 2015. 9

Wearable Technology Conference in Hongkong에서 연사로 초청받아 강연하는 모습. 2016. 10

익히 알고 있고 늘 그렇게 살아왔다. 창업 이전까지는 노력에 대한 성과를 거의 얻었던 것 같다. 그런데 창업을 통해 알게 된 사실은 그 일을 완수하고 나서 아무것도 기대하지 않아야 한다는 것이었다. 왜냐하면 그저 열심히 한다고 해서 다 이루어지는 것은 아니기 때문이다.

내가 할 수 없는 구조적 문제에 바탕을 둘 수도 있고 혹은 운이 무척 없을 수도 있다. 보통 최선을 다하고 나면 그만큼 기대하게 되는데, 번번이 좌절감을 맛본다면 다음 단계로 넘어갈 수 없다. 사업은 한 단계 한 단계 장애물을 넘어가야 한다. 포기하지 않고 말이다.

# 모든 것은 동전의 양면이다 ———•

창업을 하고 나서 한 가지 과업이 늘었지만 다행히 줄어든 것도 있다. 자녀들이 모두 대학을 졸업하는 시점이 되어 육아의 책임을 덜게 된 것이다. 자녀들이 나와 토론하면서 내 일을 도와주기도 하고 용기를 주기도 한다. 친구같이 편안한 동료같이 든든한 나의 아군이 생긴 것이다.

여성이 창업을 했다는 것에, 교수가 창업을 했다는 것에, 늦은 나이에 창업을 했다는 것에 모두들 놀란다. 보통 놀람이란 드물기 때문이고 이로 인한 선입관은 좋지 않은 것에 가깝기 마련이다. 이 또한 뒤집어 생각해 보자. 이공계를 전공한 내가 예술대학에 부임하여 불평하지 않고 나만의 자리를 잡아 가듯이 그런 선입관을 뛰어넘는 성

판교스타트업캠퍼스 오픈식 스타트업 대표로 선발. 좌측에서 세 번째, 2016. 3

과와 태도와 열의를 보여 주었을 때는 반전의 신뢰감을 얻는 효과를 가져온다.

기억하시라. 모든 것은 동전의 양면으로 장점과 단점이 함께 있다는 것을. 위기는 기회로 활용하고 단점은 장점으로 승화시키면 된다. 위의 사진은 현재 입주하고 있는 스타트업캠퍼스의 오픈식에 스타트업 대표로 선발되어 그 당시 박근혜 대통령과 나란히 커팅을 하는 모습이다.


## 나는 어디로 가고 있는가? ___.


인터넷상에서 "계원 권은경 교수"를 검색하면 내가 신설한 임베디드소프트웨어과에 대한 나의 인터뷰 기사가 나오는데, 그 당시 나의 도전과 열정을 보여 준다. 그리고 "디엔엑스 권은경"으로 검색하면 내가 창업한 회사가 나온다. 디엔엑스는 웨어러블 디바이스 개발로 시작하여 지금은 실버 대상 "세이프티 & 케어서비스" 전문기업이다. 글로벌 실버케어 서비스의 획기적이고 독보적인 기업이 되는 것이 디엔엑스의 비전이다. 서비스 명칭은 "GRAY FRIENDS"인데 시니어들이 사회에서 은퇴하며 살아갈 때 친구같이 케어해 줄 수 있는 따뜻하고 안전한 서비스를 만들고 싶다.

차별화된 수업으로 융합의 진수를 보여준다

계원디자인예술대학 임베디드소프트웨어과 권은경 교수

경기도 의왕시 모락산에 아름드리 자리 잡은 계원디자인예술대학. 최근 개교 15주년을 맞아 모든 분야의 핵심사항으로 떠오른 '디자인'과 '창의성 교육'의 중심지로 거듭나겠다는 의지로 교명을 계원조형예술대학에서 계원디자인예술대학으로 변경하고 제2 창학을 선포했다. 하지만 대학 과정 중 디자인과 예술, 임베디드소프트웨어. 물과 기름처럼 이들의 맞물림이 상상되진 않지만, '융합'이라는 트렌드 속에 그 새로운 가능성이 열리고 있다. 조금 더 앞서서 가능성을 내다보고 학과의 생성과 지속을 위해 노력 하고 있는 계원의 임베디드소프트웨어과 권은경 교수를 만나 학과의 특성과 차별화에 대해 긴 이야기를 들어봤다.

### 임베디드소프트웨어는 무엇인가?

"귀여운 나무 인형아, 일어나라! 너에게 생명을 주겠노라" 계원디자인예술대학의 임베디드소프트웨어과 권은경 교수. 그는 이 과를 고심 끝에 구상하고 세밀한 계획 하에 만들어, 벌써 3회의 졸업생을 배출한 과를 만든 장본인이다. 직접 이 곳저곳 홍보를 하면서 그는 프레젠테이션 때마다 인용하는

### 태생적 한계를 뛰어넘기 위한 '짧지만, 독특한'

임베디드소프트웨어과는 발상과 전개, 인터페이스 디자인을 통한 감성훈련으로 계원만의 차별화된 특성을 자리매김 시 켰다. '발상과 전개'는 일상 속에서 신선한 발상을 끌어올릴 수 있도록 도우면서 한 학기가 끝나면 생활 속 발명이 가능 하도록 창작의 사고를 틔워주는 수업이다. '인터페이스 디자 인'은 앞으로 모든 제품에 내장될 다양한 소프트웨어에서 유

2008년 11월 월간유비쿼터스 저널 인터뷰

GRAY FRIENDS 서비스 관련 기사와 제품 사진. 2018. 4

# 나는 지금 어디에 있는가? _____•

나와 함께 일하는 디엔엑스 구성원들은 이제 드림팀이 되었다. 그들이 신나게 일하는 업무 환경을 만들고 싶다. 그곳에서 나도 신나게 일하고 싶다. 매년 대학의 현장실습 프로그램으로 학생들도 디엔엑스에서 일하게 한다. 나의 업무 경험은 "디자인과 창업"이라는 수업에서 빛을 발한다. 내가 회사에서 만나는 산업계 사람들은 나에게 계원의 학생들을 소개해 달라고 한다. 교수가 창업을 하였기에 가능한 일이다. 내가 현재 진행하는 아웃도어 브랜드와의 협력 프로젝트가 다음 단계로서 계원학생들을 참여시키는 창의적인 프로젝트로 확장되기를 꿈꾼다.

희망은 현실을 만드는 씨앗이다. 그러기에 오늘도 부지런히 나는 씨를 뿌린다. 꼭 열매가 생기지 않아도 된다. 씨를 뿌리고 물을 주고 가꾸는 과정에서 나는 성장한다. 나의 성장을 통해 내가 도와줄 수 있는 내 동료들과 나의 제자들은 함께 성장할 것이다. 창업의 기쁨은 바로 이것이다.

디엔엑스의 글로벌적 성장은 멋진 일감과 일터를 만들어 낼 것이다. 디엔엑스는 감동적인 제품과 서비스로 세상에서 오래도록 사랑받는 기업이 될 것이다. 그날을 상상하며 지금 이 순간도 신나게 일하고 있다.

지금의 내가 행복해야
미래의 나도 행복하다

김 송 현
L&A 대표

공학박사(제어계측공학)로, L&A 대표이다. 현재 한국여성벤처협회 정회원이자,
㈜중소기업융합부산연합회 정회원으로 활동 중이다.

많은 시간이 흘렀다. 흥미로운 대학 생활은 공학도가 되는 시작점이었다. 제어계측공학을 배운 4년이란 시간은 전기, 전자, 기계 및 유공압, 다양한 프로그램 등 현재 창업해서 운영하고 있는 공장자동화시스템에 그대로 적용이 되고 있는 기초지식의 기본을 배우는 짧은 시간이지만 열심히 대학 생활을 보냈던 시절이었다.

지금 세월을 되새김질하면 웃음과 아쉬움이 남는다. '그때 그랬지' 하고 나오는 웃음은 추억 때문이다. 아직까지도 은사님들과 대학 동기들과도 많은 연락을 하며, 기술적·학문적으로 많은 교류를 하고 있다.

그리고 '그때 이렇게 했으면…' 하는 아쉬움은 현재 나의 부족함 때문이라, 아직도 부족함이 많다는 생각은 더 공부를 하게끔 하는 원동력이 되기도 하다. 지금 후배들을 위한 강의를 할 때도 이 추억과 아쉬움에 근거한 경험과 충고가 많다. 이런 아쉬움이 있기에 조금씩 변화하는 나의 모습이 좋고 행복하다.


## 다시 학교로 ____.

대학 졸업과 함께 떠나온 학교는 나의 자존감을 높여 주었을 뿐만 아니라 공부에 대한 재미를 평생 가질 수 있도록 만들어 준 교육과정이 마련되어 있는 곳이다. 내 인생에서는 참으로 고마운 곳이며, 지금도 함께하는 장소이기도 하다.

자동차 RIM의 검사를 위한 장비를 개발하기 위해서 학교와의

R&D 연구과제를 진행하면서 과제에 대한 기술의 한계를 느끼며 공부를 다시 해야겠다는 결심과 함께 지금 운영하고 있는 공장자동화시스템 제작을 주 업종으로 제조를 하고 있는 L&A(laser & Automation)는 임직원들의 질 높은 공부와 열정이 필요했다.

15년 전에 졸업하고 기업체를 운영하면서 다시 시작하는 공부에 대해 시간에 대한 부담감은 있었지만 일단 한번 해 보기로 했다. 기술에 대한 기본 지식과 응용 분야의 기술지식은 사업 운영을 위한 기술 개발에 한층 더 좋은 결과를 가져오게 될 것이기 때문이다.

드디어 8년 만에 박사 학위를 받고 졸업을 하면서 투자한 시간과 열정은 나에게 큰 이변을 가져오는 계기를 만들어 주었다. 여성 공학박사에 대한 인지도는 내가 생각한 것보다 훨씬 기대 이상의 영향력을 주었으며 변화를 가져오게 된다.

국가연구개발과제 및 여러 가지 R&D 과제에 대한 L&A의 평가에서 연구개발 주관으로 선정되고 대학의 교수 임용, 특강 섭외, 기술평가 등의 기회가 생기면서 많은 업종의 전문가와의 만남을 가질 수 있는 계기를 만들어 주게 된다. 이런 나에게 더욱 더 공부를 하도록 채찍을 가해 주고 있다. 이점은 졸업하면서 해 주신 지도교수님의 말씀이 적중했다. "공부는 학위를 받는 순간부터 시작이다. 송현아."


## 내가 재미있어 하는 나의 일 ____.

10년 다닌 회사에서의 쌓은 기술적 노하우와 회사 운영의 경험을 바탕으로, 예비 기술자 창업자금을 지원하고, 창업보육센터에 입주하였으며, 벤처기업인증, 각종 표창상 등은 2009년에 개업하면서 느낀 두려움과 기대감이 점차 사업자로써의 모습이 굳어지는 세월이었다.

처음 10평의 창업보육센터에서 시작된 사업은 이제는 보육시설이 아닌 중소기업으로 발돋움하는 업체로 성장하고 있다. 창업 초기 늦은 시간까지 공장자동화장비 구동을 위한 프로그램 작업을 하고 직원 관리를 위한 행정 업무를 하는 등 일은 많았지만 내 일이니깐 재미있고 즐거운 마음으로 해낼 수 있었다.

개발되는 장비들은 소요되는 시간 대비 일에 대한 자신감을 비례적으로 성장시켰다. 운영하는 L&A는 공장 자동화 시스템 제작업체에서 연구 개발관리 및 관리로 만들어진 R&D 과제는 일에 대한 성과로 나타나기 시작한다.

- Vision System을 이용한 RIM의 Crack 검사장비 개발
- 정위치 결정 Caulking 시스템
- Digital camera Front, Back, LCD & Butten의 정위치 Laser Welding M/C 개발
- 모바일기기용 마그네슘 합금의 레이저 용접기술 개발
- 표면도색 및 코팅된 메탈 소재 외장 커버의 부분 부식(통전) 시스템
- 자동 Boss 용접기
- Laser 가공 검사 장비
- 유리기판의 보호 매체 PE/PET 필름의 패턴 커팅시스템 개발
- 해군 사격 훈련용 자동 가진시스템 개발

- 스마트팜용 원격제어 고속 정밀 파종시스템 개발
- 센서네트워크와 MES를 연계한 레고식Facial Mask Pack 자동화시스템 개발 등

기술을 가졌다고 모두 성공만 하는 것은 아니다. 2009년부터 지금까지 앞으로도 진행형이겠지만 성공과 실패가 주파수의 주기처럼 찾아온다. 하지만 이 주기들의 피크값에 대해 내가 대응하는 모습에 나 자신도 적잖이 당황한다. 점점 일에 대응하는 맷집이 생겨 실패하더라도 "그 뭐시라고!" 하는 나의 모습에 스스로 웃음이 나온다. 왜냐하면 난 공학도이고 뭐든지 할 수 있으니.

나에게 뇌구조에 대해서 물으신다면 "일이 80%이고 가족 10%, 기타 10%는 취미생활이다."라고 대답한다. 그만큼 일은 나의 일상이고 놀면서 하는 놀이와 같은 것이다. 나를 지켜봐 주시는 지인 중에서 한 분은 "하는 일에 대해 이야기하면 눈에서 빛이 난다."라고 이야기하는 것을 보면 일에 열정에 대한 칭찬인 것 같으면서 일중독이라고 이야기하는 게 아닌가 하는 생각이 들어서 요즘은 조금씩 바꿔 나가고 있다.

## 공학인에게는 네트워크 인맥이 반드시 필요하다 ____●

요즘 회사 업무로 생긴 인연을 제외하고 업무 외의 인연을 만들고 있다. 그 인연이 일적이든 사적이든 그 영향력은 어디로 나갈지 모른

다. 하지만 책으로 보는 공학도의 지식과 사회에서 직접 보는 발전하는 기술의 지식은 차이점이 있다. 바꿔서 말하면, 현실과 이론은 다르다는 것이다. 이것을 극복하는 방법의 하나로 인적인 네트워크를 들 수 있다.

사람들마다 삶의 공간이 다르고, 생각의 범위도 다양하여 많은 지식적인 정보뿐만 아니라 간접경험담은 공학인이 사회를 위해서 무엇을 할 수 있을지를 알려 주는 나침판이 될 수 있지 않을까.

모든 것을 잘하는 사람은 없다. 부족한 부분을 채워 줄 사람을 찾아서 계속적인 네트워크를 하면서 사람이 사람을 만들고 일을 만들고 나의 자리도 만든다. 이 자리를 유지하기 위한 자신의 노력이 결과를 가져오게 되며 발전하게 만들어 미래를 더 탄탄하게 이루게 하는 원동력이 된다.

내게 부족한 기술은 그 기술을 잘 알고 있는 공학인들과 함께 채워서 기술을 만들고 채워 나가면 된다.

지금은 혼자만의 학문이나 기술로는 이룰 수 있는 부분이 한계가 있다. 모든 분야에 융합하여 태어나는 기술만이 함께 이룰 수 있다.


## 과거의 경험은 현재를 위한 디딤돌 ____.

과거에 했던 모든 일은 현재를 위한 디딤돌과 같은 경험이며 실력인 것이다. 요즘에 와서 생각하니 고민해서 많은 시간을 소요하여 개발하고 만들었던 공장자동화장비들에 의한 노하우는 지금 현재 학교에서 학생들에게 수업을 하는 계기를 만들게 되었고, 과거에 제대로 성과를 못 낸 부분은 지금 필요하지만 그 기회를 잡지 못하는 것은 우연이 아닐 것이다. 이처럼 과거의 공부, 업무, 생각 그리고 인연들은 지금의 현재 내 모습을 만든 근원이었고, 현재 내가 하고 있는 일이나 업무, 인연은 나의 미래의 재산이며 실력이 되는 것이다. 그래서 난 지금 정말 열심히 하면서 잘하기 위하여 일하고 놀면서 즐긴다. 미래의 김송현에게 지금 이 시간에 대한 아쉬움을 남기지 않게 하기 위해서 즐긴다.

요즘 난 이 말을 좋아한다. "내 인생의 희망이 되어 행복하게 살겠습니다." 이 글귀는 나를 행복하게 만들면서 자신의 소중함을 가지게 하는 글귀로, 미래의 나에게 행복과 실력을 위한 노력이기도 하다.

후배들에게 바라는 마음은 현재의 모습이 미래의 자신에게 아쉬움을 가지지 않도록 열심히, 잘하여 미래의 멋진 모습으로 자신을 만들기 바랍니다. 지금 어떤 일을 하고 있는지가 중요한 것이 아니라 현재 내가 행복하게 하고 싶은 일을 열심히 잘하고 있는지 살펴봐야 한다. 그래야 미래의 자신도 행복할 수 있기 때문이다.

가지 않은
길을 걷다

## 엄수원

(주)아드리엘 대표이사

● 인공지능 광고대행사 ㈜아드리엘의 공동 창업자인 엄수원 대표는 인공지능 기술을 통해 금융, 광고 등 비IT 업종을 혁신하는 스타트업을 두 번 창업한 연쇄창업가이다. 금융데이터 분석용 인공지능 솔루션 개발업체 ㈜솔리드웨어를 창업 후 7개월 만에 데일리금융그룹에 인수되었으며, 이후 솔리드웨어 대표이사 겸 데일리인텔리전스 인공지능본부장으로서 활발히 활동하였다. 2017년 포브스 아시아의 영향력 있는 30세 이하 리더 30인으로 선정되었으며, 현재 멜린다 게이츠, 잭 마 등이 참여하는 UN 사무총장 직속 High Level Panel(고위급 패널) 멤버로서 활동 중이다. 악사손해보험 및 올리버 와이만에서 근무하였고, 프랑스 고등경영대학원(HEC Paris)에서 재무금융학 석사 학위를 취득하였으며, 서울대학교와 서울과학고등학교를 졸업하였다.

'숲 속에 두 갈래 길이 있었고, 나는-

사람들이 적게 간 길을 택했다고

그리고 그것이 내 모든 것을 바꾸어 놓았다고'

너무나 잘 알려진 미국의 시인 로버트 프로스트의 「가지 않은 길」을 나는 초등학생 때 접했다. 감수성이 풍부한 시절에 이 시를 접하는 이라면 누구나 그러하듯, 전율을 느꼈던 기억이 선명하다. 그로부터 20년이 지난 지금 내가 살아온 길을 돌아보면 저 세 줄로 요약되는 듯하다.

서울과학고를 졸업한 뒤 서울대학교 화학과로 진학했던 건 딱히 특별할 것 없는 선택이었다. 그러나 이후 내가 더 좋아하고 잘할 수 있는 일은 유기화학 실험실에서 단백질을 합성하고 논문을 쓰는 것이 아닌, 사람들과 부딪치며 토론하고 시도하고 끊임없이 새로운 일을 만들어 내는 것임을 깨닫고 경영학과 복수 전공의 길을 택했다.

그리고 다른 세상에서 다른 문화를 가지고 살아가는 사람들과 사귀어 보고 싶다는 생각에 1년 정도 캘리포니아에서 유학하기로 결심했고, 이 결심이 이후 내 삶의 모든 것을 바꾸어 놓은 결정적인 계기를 제공했다. 2007년 UC 버클리 기숙사 강당에서 우연히 만난 프랑스인 학생은 오늘날 나의 남편으로서, 내 두 아이의 아버지로서, 그리고 나와 두 회사를 공동 창업한 비즈니스 파트너로서, 세상의 온갖 신나고 우울하며 기쁘고 슬픈 경험들을 함께 나눈 동반자가 되었다.

## 남편과 함께 창업가의 길을 걷다 ____.

남편도 보통의 사람들이 택하는 길을 살아온 사람은 아니다. 프랑스 최상위 공과대학에서 컴퓨터 비전 분야 박사를 받고, 카네기멜론 대학에서 박사 후 과정까지 밟으며 좋은 논문을 많이 낸 연구자라면 대개 교수의 길을 걷게 마련인데, 남편은 나를 따라 한국으로 들어와 IT회사의 연구원으로 재직하며 창업의 꿈을 키웠다.

나 또한 높은 연봉과 보너스가 보장된 컨설턴트로 일을 하던 중 프랑스의 보험 회사에서 스카우트 제의가 들어와 고민 끝에 직장을 옮기기로 결심했는데, 단지 "일이 재미있을 것 같다"라는 이유로 낮은 연봉의 '이상한 길'로 진로를 틀어 버린 나를 보며 주변의 많은 사람들이 의아해했다.

그도 그럴 것이 서울대 경영대를 나오면 일명 '성공한 선배' 코스라는 것이 있었는데, 컨설팅회사 또는 투자은행에서 3–5년 정도 근무 후 MBA를 다녀온 뒤 대기업 또는 사모펀드에서 재직하면서 임원이 되고 돈을 많이 버는 것이 소위 '성공'으로 인정받는 암묵적인 룰이 있었다. 나는 그 코스대로라면 계속 컨설턴트로 일을 하는 것이 맞았지만 남들이 가지 않은 길을 가 보고 싶었다. 절반은 호기심이고 절반은 오기였던 것 같다.

그렇게 들어간 보험회사에서 친해진 동료를 어느 날 집에 초대했고, 남편과 그 동료와 함께 와인잔을 기울이며 아무 생각 없이 나누었던 이야기가 또 한 번 삶의 전환점을 가져다주게 된다. "보험사에는 고객 관련된 데이터가 수없이 많고 기하급수적으로 늘어나고 있는데,

세상을 바꾸는 여성 엔지니어 13

이 데이터를 분석하는 기술은 낙후되어 있다"는 동료의 말을 듣고 다음 날 남편이 나에게 진지하게 이야기를 했다.

"내 전공인 머신 러닝 기술을 사용하면 어제 그 친구가 얘기한 문제를 혁신적으로 해결할 수 있을 것 같다."

나는 무언가 중요한 일이 일어날 것을 직감하고, 머신 러닝 기술로 보험 데이터를 분석하면 회사에 얼마나 커다란 이익을 가져다줄 수 있는지에 대해 간단한 프레젠테이션을 만들어 보험회사 사장님에게 보여 드렸다. 그날 사장님이 당장 이 일을 해 보라고 권했고, 나는 그길로 퇴사하여 남편과 함께 우리의 첫 번째 스타트업을 창업하게 되는데, 이 스타트업이 바로 금융업계 최초로 인공지능 기반 예측분석 및 신용평가 시스템을 구축 및 도입하고 일본, 베트남까지 사업 영역을 넓혀 현재 수많은 대형 금융사에 솔루션을 납품하고 있는 '솔리드웨어'이다.

## 솔리드웨어:
## 신혼집 서재에서 여의도 국제금융센터로 ＿＿＿．

2014년 솔리드웨어를 창업한 직후 회사에는 남편과 나, 단둘뿐이었다. 신혼집 서재에서 밤을 새워 가며 일을 하던 우리에게 창업하며 겪은 모든 일들은 '첫 경험'이었다. 첫 직원 채용, 첫 회식, 첫 발표, 첫 프로젝트, 첫 투자계약, 첫 사무실 이사 등등. 이 모든 일들은 처음이었고 누구도 잘했다 못했다 정답을 알려 주지 않았기에, 어마어마한 스트레스와 동시에 어마어마한 즐거움을 가져다주었다.

해 보지 않으면 모르는 것이 바로 내가 창업가의 기질을 가지고 있느냐의 여부이다. 나는 내가 창업가 기질이 없다고 생각했지만, 일단 저질러 놓고 하나씩 어떻게든 해결해 가는 과정에서 스스로에 대해 진정한 의미의 자신감이 생겼고, 그렇게 하루하루 살아가다 보니 어느 날 나는 자연스레 창업가가 되어 있었다.

물론 이 과정에서 남편이 없었더라면 나는 몇 번이고 주저앉아 버렸을 것이다. 내가 불안감에 잠 못 들 때, 남편이 손을 꼭 잡아 주었고 내가 자신감 하락으로 아무것도 못할 것 같은 생각에 사로잡힐 때 남편이 나서서 나를 일으켜 주었다. 반대로 남편이 미처 챙기지 못하는 일들은 내가 해결하면서 우리는 최고의 콤비를 이루어 회사를 성장시켜 나갔다.

우리의 첫 프로젝트는 성공적이었고, 그 성공을 기반으로 많은 고객사를 만나게 되었다. 내가 컨설턴트로, 평범한 직장인으로 회사를 다녔다면 만나지도 못했을 금융기관의 임원들과 동등한 위치에서 협상하고 계약하는 과정에서 나는 새삼스럽게 자리가 사람을 만드는 것이 정말 맞는 말이구나 실감했다. 날 때부터 CEO이고 날 때부터 협상을 할 줄 아는 사람은 없다.

가장 성공한 스타트업 사례로 꼽히는 에어비앤비의 창업자도, 에어비앤비 초기 투자자의 말에 따르면 처음부터 멋지고 카리스마 넘치는 대표가 전혀 아니었다고 한다. 회사가 급격히 성장하며 창업자도 급격히 성장했던 것이라고. 나 역시 누가 알려 주기도 전에 이미 이런저런 상황에 몰아넣어져 있었고, 민첩하게 대처해야만 했다.

그러던 어느 날, 솔리드웨어가 설립된 지 약 7개월 남짓 되던 때에 회사를 인수하겠다는 제의가 들어왔다. 인수자의 의지는 강력했고, 남편과 나에게도 매력적인 제안이었기에 우리는 주저 없이 받아들였다. 인수 이후 많은 것들이 달라졌다. 개인적으로 또 회사도 재무적인 리스크가 완전히 사라졌고, 직원을 더 많이 채용하기 시작했다.

우리의 신혼집 서재에서부터 같이 일해 왔던 첫 직원이 가끔 회상하곤 했다. 집 서재에서 나와서 다섯 명이 겨우 들어가는 작은 사무실 공간으로 처음 이사했을 때 그렇게 기쁠 수가 없었는데, 서울에서 가장 고급 오피스 빌딩 중 하나인 여의도 국제금융센터 건물로 들어오니 막상 실감이 나지 않는다고. 1년도 되지 않는 기간 동안 그렇게 많은 변화와 급격한 성장을 겪는 것을 바로 옆에서 지켜보는 것이 행운이라고 말이다.


## 두 아이의 엄마가 되다 ___●


회사 인수 후 수많은 변화 중 가장 컸던 일은, 회사와 커리어만 바라보던 남편과 나에게 소중한 첫째 아들 태오가 생기면서 조금 더 일상적인 삶의 소중함을 깨닫게 된 것이다. 물론 만삭의 몸으로도 영업과 프로젝트로 여기저기를 뛰어다니고 – 태오가 태어나기 불과 나흘 전에 고객사 임원 발표를 하기도 했다 – 아이를 낳고 나서도 조리원을 뛰쳐나와 일본 파트너사 미팅에 참석하기도 했지만, 태오가 생기면서 좀 더 '가족'의 의미가 무엇인지 알 것 같았다.

태오가 두 돌이 되었을 때 둘째 세린이가 태어났다. 세린이가 태어

나며 일적으로도 전환점이 필요함을 느낀 남편과 나는, 많이 성장하여 이제는 창업자에 대한 의존도(Founder dependency)가 낮아진 솔리드웨어에 새로운 대표를 선임한 뒤 두 번째 회사를 또다시 공동 창업했다.

## 아드리엘: 더 큰 꿈을 꾸다 ____.

'연쇄창업가'. 인공지능 광고대행사 '아드리엘'을 설립하며 우리에게 붙은 새로운 수식어다. 아드리엘은 광고나 마케팅을 잘 모르거나 바빠서 직접 하기 어려운 사람들, 특히 사업을 막 시작한 소기업 사장님들을 위해 복잡하고 어려운 디지털 광고를 쉽고 효과적으로 집행할 수 있도록 도와주는 인공지능 서비스이다.

금융을 위한 인공지능에서 마케팅을 위한 인공지능으로 전향하게 된 건 시대의 흐름 탓이라고나 할까. 복잡하고 불투명한 광고대행업이 인공지능 기술을 통해 혁신하게 될 것이라는 데에는 누구나 동의하지만, 이 혁신을 누가 이끌어 나갈 것인지는 아직 아무도 모른다. 그 혁신에 조금이라도 빨리 동참하고자 설립한 아드리엘은 아무래도 먼저 창업한 경험이 있는 덕분인지 투자와 채용, 서비스 기획개발 모든 측면에서 빠르게 성장해 나가고 있다.

그렇게 성장하여 언젠가는 전 세계 수많은 중소기업들이 사용하는 대표적인 광고대행 서비스로 거듭나고자 한다. 누구나 들으면 알 만한 서비스의 창조주가 되는 것. 모든 스타트업 대표들의 꿈이지만, 나 또한 아드리엘을 통해 이 큰 꿈을 다시 한 번 꾸어 본다.

## 공짜 점심은 없다 ____.

'No free lunch theorem.' 머신 러닝 기술에서 중요한 공리이다. 어느 형태의 데이터에나 가장 좋은 분석 성과를 내는 단 하나의 마법과 같은 알고리즘은 존재하지 않는다는 뜻이다. 데이터가 다르면 최적의 성과를 내기 위해 다 다른 알고리즘을 사용해야 한다. 나는 이 공리로부터, 우리가 어떻게 살아야 하는가에 대한 해답을 본다.

많은 사람들이, 많은 청년들이 인생을 일직선으로 생각하고 정해진 성공 공식이 있는 것처럼 착각한다. 무엇이 좋고 무엇이 옳은지, 어떻게 사는 것이 잘 사는 것인지가 수시로 바뀌는 우리네 인생은 일직선이 아닌, 복잡하게 얽혀 있는 나무줄기와도 같은데 말이다. 공짜 점심은 없다. 단 하나의 "잘 사는 인생"이라는 해답과도 같은 알고리즘은 없다.

나 엄수원이라는 데이터에게는 기술서비스 창업이 바로 내가 어떻게 살아야 하는지에 대한 답을 알려 주는 알고리즘이었다(지금까지는). 사람은 모두 다 다르다. 다 다른 데이터를 가지고 있고 살아온 길과 생각하는 방식이 다르다. 그렇기에 나라는 데이터가 가장 가치 있는 삶을 살기 위해서는 어떤 큰 흐름을 읽고 어떤 알고리즘을 적용해야 할 것인지, 여러분도 그 해답을 얻기 위해 이 글을 읽고 있을 것이다. 나의 이야기가 조금이나마 여러분이 그 해답을 찾아가는 데 도움이 되었으면 하는 바람이다.

연구, 창업, 홀로 서서
함께 도우며 세상을 돕다

정 재 숙
한국전자통신연구원 선임연구원

● 　　포스텍에서 컴퓨터공학과를 졸업하고 홍콩과학기술대학교에서 석사 학위를, 네
덜란드 위트레흐트 대학교에서 박사 학위를 전산 이론 분야에서 받았다. 2006년 한국전자
통신연구원으로 입사해 2018년까지 선임연구원으로 재직했다. 2008년 WISE 멘토링 '올
해의 멘토상', 2012년 WISET 멘토링 '올해의 멘토상'을 수상했다.

## 과학의 좋은 점 ____.

저는 제가 과학 분야에서 훈련을 받고 아직도 흥미와 관심을 가지고 있다는 점에 대해 정말 감사하게 생각하고 있습니다. 과학은 세상을 큰 틀에서 보도록 도와주기 때문입니다. 물론 사회과학이나 경제·경영 이론, 예술도 더 큰 틀에서 세상을 보게 하기는 합니다. 하지만 가설을 세우고, 관찰과 실험 및 논리를 통해 가설을 점검·증명하여 지식을 쌓아 가는 부분은 다른 분야의 지식을 쌓는 것과 비교하여 좀 더 엄격한 방식으로 얻어지는 것이라 생각합니다.

게다가 과학지식의 많은 부분들이 사회 현상도 어느 정도 예측하거나 설명하는 데 도움이 됩니다. 예를 들면 관성이라든가 반작용이라든가 하는 뉴턴의 기본 법칙부터 시작하여 양자물리학에서의 불확정성의 원리나 복잡계의 특성들은, 사회현상에 있어서 확실한 답을 계산하여 주는 것은 아니지만, 더 효율적이고 좋은 해결책을 찾아갈 방향을 제시하는 데 좀 더 탄탄한 근거를 제공하며 많은 도움을 줍니다.


## 삶은 경영이다
### - 경영자로서의 태도, 학습의 중요성 ____.

어렸을 때에 박사 학위란 공부를 열심히 하여 많이 알면 받는 것이라 생각했습니다. 공부를 열심히 한다는 것은 책에 있는 정보를 많이 머리에 넣는 것이라는 생각을 가진 시절이었습니다. 그런데 막상

석·박사 학위 과정을 시작해 보니, 박사 학위란 기본적으로 잘 알지 못하는 정답은 물론, 모범답안이 주어져 있지 않은 문제를 해결하기 위하여 탐구하는 과정에서 알아낸 지식을 정리하여 기록으로 남기는 것임을 알게 되었습니다.

힘들었던 박사 과정 동안 제가 어느 순간 어렴풋이 깨달은 점은, 학위를 마치기 위하여 제게 필요한 것은 책의 지식을 더 많이 외고 아는 것만이 아니라, 나의 삶을 통제하고 제 주변의 일들을 좀 더 효율적으로 조정하는 경영 능력이라는 것이었습니다. 경영이란 문제 해결을 효율적으로 해 가는 과정이라는 것을 알게 된 것은 나중이었습니다.

그리하여 경영 관련 책과 글들을 많이 읽었습니다. 박사 과정 마지막 한국에 있을 때에는, 자기계발 모임에도 가서 긍정적 삶의 자세, 독서법, 시간관리 원칙 및 도구들에 대해 소개받고 그것들을 사용하는 법에 대해서도 배웠습니다. 이렇게 얻은 자기계발 및 경영 관련 지식은 아이를 키우면서, 박사논문을 쓰면서, 구직을 하고, 직장에 들어와서 바쁜 가운데에서도 일을 진척시키는 데 큰 도움이 되었습니다.

책을 읽으며 스스로 필요한 기술들을 조금씩 배워 가면서 제가 읽는 책의 주제는 점차 마케팅, 광고, 인사, 학습법, 몰입, 의사결정, 후에는 고전 등으로 그 범위도 넓어졌습니다. 그 책들을 읽고 강의를 듣고 하는 시간과 노력이 꽤 많아, 제 본업과 육아를 하는 동시에 하려니 힘들 만도 한데, 이런 것들을 주도적으로 배우는 경험은 오히려 제게 에너지의 원천이 되었습니다. 이러한 배움의 과정이 제가 인간적으로 더욱 성숙하게 돕고, 업무 능력도 많이 성장시켜 일을 좀 더 효율적으로 해내게 되었고, 사람들을 도와주면서 서로에게 힘을 주는 관계도 만들게 되었습니다. 그래서인지 직장 생활이 재미있었습니다. 그리고 여담으로, 이렇게 배우고 도와주는 활동들은 멘토링으로도 이어졌으며, 도움을 받은 사람들이 잘되면 저도 힘이 나서 서로 더 돕게 되는 선순환이 생겼습니다.

사업을 하는 사람들에게나 필요하다고 생각했던 업무 기술들이 연구개발 업무에도 큰 도움이 되어 신기하고 오히려 즐거웠습니다. 연구개발 업무란 앉아서 지식을 흡수하는 것만이 아니라 팀 사람들과 더 많은 사람들에게 영향을 주는 결과를 낸다는 점에서 기업과 같다는 점을 깨닫게 되어, 미래에 대한 두려움도 줄어들고 마음이 편안해졌습니다.


## 창조는 불확실성을 견디는 힘을 전제로 합니다____.

학부에서 컴퓨터 공학을 전공했지만, 저는 원래 수학, 물리 등의 자연과학을 좋아했습니다. 결국 석·박사 학위는 전산 이론 분야에서 하게 되었습니다. 전산 이론 분야에서 연구 결과는 주로 알고리즘이나 증명의 형식으로 나타납니다. 알고리즘을 설계한다고 하더라도 그것이 계산해 내는 답이 맞는지 틀리는지, 틀리면 정답과 비교하여 얼마나 틀리는지, 또 시간은 얼마나 걸리는지 등을 증명하는 것이 주된 연구 작업입니다.

프로그램을 짜거나 실험을 하게 되면 그 일의 결과들이 대부분 눈에 보이기 때문에 결과가 제대로 나오지 않는다 하더라도 기본적으로 내가 무언가를 하고 있다고, 심지어는 매우 열심히 했다고 생각하기 쉽습니다. 하지만 결과물이 증명이나 알고리즘 등의 순수한 생각을 글로 쓰는 것이라면 몇 주가 지나도 결과물이 손에 잡히지 않는 경우가 허다합니다. 심지어는 몇 달 몇 년이 되기도 합니다. 실험이든, 이론이든, 완성했다고 해도 최악의 경우에는 그렇게 쓴 논문이 틀렸다는 것이 나중에 증명되기도 합니다.

이러한 애매모호함과 불확실성을 견디는 것은, 모든 분야에서의 연구개발에 필요한 것이지만, 특히 이론 분야에서는 당장 눈에 보이는 것이 적기 때문에 결과를 내는 과정이 더욱 힘들었습니다. 책이나 논문을 많이 읽으면 도움은 어느 정도 되겠지만, 기본적으로 연구가 주어진 방법이나 기존의 의견과 다른, 새로운 방법을 찾아내는 과정에서 불확실성을 견디는 힘이 기본적으로 중요합니다.

불확실함에서 기인하는 불안감을 다루기 힘들어 다른 선배 학자들은 어떻게 했나 궁금하여 여러 가지 책들이나 글들을 찾아 읽게 되었는데, 역시 선배 과학자들도 이런 문제들을 가지고 있어서 함께 대화, 서신 등을 통해 토론하며 협력했다는 것을 알 수 있었습니다. 여러 분야에서 한 획을 그은 여러 사람들의 전기를 읽게 되면서, 과학자들뿐 아니라 예술가, 정치가, 사업가들도 그렇고, 더 나아가서 독립적으로 자신의 삶을 책임지며 새로운 방식으로 자신의 삶을 창조해 나가는 모든 사람은 불확실함에서 오는 불안감을 가지고 있다는 것을 알게 되었습니다.

역사에 한 획을 그은 사람들 중 그러한 불안감을 잘 다룬 사람들도 있었지만, 잘 다루지 못한 사람들도 있었습니다. 취미 활동의 도움을 받는 경우도 있었습니다. 윈스턴 처칠 경처럼 그림을 그리거나, 알버

세상을 바꾸는 여성 엔지니어 13

트 아인슈타인 박사처럼 바이올린을 연주한 것처럼 말입니다. 하지만 많은 경우, 좋은 파트너를 만들었던 것 같습니다. 양자물리 태동의 시기에 일조했던 많은 물리학자들이 동료들과 산책하며 대화를 했던 방식으로 말이죠. 이 부분은 현대의 패션 디자이너나 기업가들의 경우에도 보입니다. 그들에게는 항상 좋은 파트너나 동업자가 있는 것 같았습니다.

어차피 저마다 각자의 삶을 살아가는 데 있어서, 자신이 좋아하는 일들을 하면서 주변 사람들에게 좋은 영향을 미치는 행복한 삶을 창조해 나가는 방법이 이래야 정답이고 저래야 모범답안이라고 하는 것은 편견일 뿐입니다. 자신의 행복한 삶을 창조하기 위해서는 일단 자신이 어떻게 생긴 사람인지, 어떤 때 행복하고 어떤 때 불편한지를 알아야 합니다. 또 내 주변 사람들은 어떤 문제를 가지고 있는지, 그중 어떤 문제들을 해결하는 데 내가 도움이 될 수 있는지를 파악해야 합니다. 이왕이면, 자신의 장점과 좋아하는 활동의 과정이나 결과를 통하여 문제를 해결할 수 있으면 가장 좋겠지요. 이 과정들은 불확실함, 애매모호함을 내재하고 있고, 만족도 높은 결과를 내려면 오랜 시간을 필요로 하기도 합니다. 불확실성을 다룰 수 있는 힘은 나 자신과 주변 환경을 알아 가는데 필요한 기본적 힘입니다.


## 새로운 시대의 전환점에서 – 1인 기업의 시대 ____.

ETRI에서는 기술 연구개발 방향에 대하여 고민해야 하기 때문에 대한민국의 기술이 어느 방향으로 나아가야 할지에 대한 물음을 가지고 전체적인 기술 분야에서 세계적인 기술 동향을 항상 주시하고 있어야 합니다. ETRI에는 대한민국 과학 정책의 방향에 맞게 과제 제안에 필요한 미래 기술 동향 자료를 조사하고 정리하는 부서가 있습니다.

이 부서는 다른 사람들이 가고 싶어 하는 부서는 아니었지만, 미래에 펼쳐질 모습을 알고 싶어서 지원하였고, 3년 동안 근무하였습니다. 이 부서에서 일하는 동안 저는 미래 사회를 기술의 관점에서 엿볼 기회를 얻었습니다. 이외에도 여러 분야에 어떤 IT 기술들이 있는지 전체적으로 한번 훑을 수 있었고, 하나의 기술이 세상에 나와서 어떻게 성장하고 번성하다가 사라지는지를 보여 주는 기술의 생애주기에 대해서도 배울 수 있었습니다.

이때 알게 된 사회 흐름들 중 큰 특징들은 고령화 사회, 지구 온난화, 기술이 가져온 권력의 분산·민주화였습니다. 이러한 흐름은 당시 10년 내로 닥쳐올 변화들이었습니다. 이미 제가 입사했던 2006년만 해도 많은 경영서, 자기계발서들이 곧 1인 기업의 시대가 될 것이라 하였습니다. 대부분의 사람들이 직장에서 평생 일하는 것이 아니라, 혼자서 기업을 운영하듯 자신의 브랜드로 다른 조직들과 계약하여 일하고 결과를 내게 된다는 말입니다.

물론 오랫동안 농경사회의 문화를 가진 많은 아시아 국가들에게 그런 사회가 도래하는 것은 늦어지기는 하겠지만, 기술이 가져온 민주화로 그런 세상이 결국 올 것이라 생각되었습니다. 이미 유통의 경우엔 인터넷 판매 및 소셜네트워크 플랫폼으로 판매 권력이 많이 분산

되었습니다. 그래서 그 당시에도 사업 관련 경영 관련 마케팅, 조직 문화, 인재개발, 자기계발, 광고 등의 책들을 읽었습니다.

결론적으로 이 책들을 통하여 제가 얻은 지식과, 이들을 조금씩 실천하여 만든 습관들은 직장 생활에 정말 큰 도움이 되었습니다. 어느 직장에서나 그렇겠지만, 사람 사이의 협업을 어떤 식으로 하느냐는 연구개발 업무에도 매우 중요하다는 사실을 몸으로 다시 한 번 깨닫게 되었습니다.


## 창업, 사업을 배울 기회가 오다 - FridaSkincare ____.

저는 기본적으로 인위적으로 만들어진 화학제품을 사용하면 문제가 많이 생기는 체질입니다. 음식, 화장품, 세제 등이 모두 그렇고, 이런 이유로 향수도 쓰지 못합니다. 옷도 천연섬유 위주로 입습니다. 이러한 개인적인 배경과, 이로 인해 관심을 가지게 된 환경문제 때문에도 '친환경'이 제 삶의 방식의 주제어가 되었습니다. 그래서 천연제품에 관심이 많아 화장품을 직접 만들어서 사용하고 샴푸 대신 비누를 사용해 보기도 하고, 친환경 세제를 찾아 사용했습니다. 물론 일회용품을 안 쓰는 방법을 생활화하여 쓰레기도 적게 만듭니다.

그러던 차에 고기능 천연 화장품을 개발한 Frida를 알게 되었고 Frida 샴푸 및 그의 스킨케어 제품의 충성 고객이 되었습니다. 게다가 Frida 제품들의 가격은 합리적이었지요. 많은 사람들을 위하여 거품을 빼고 가격을 책정한 그의 철학도 무척 마음에 들었습니다.

하지만, FridaSkincare 웹사이트에서 물건을 구매하는 것은 매우 귀찮은 일이긴 했습니다. 계좌이체만 되었고 주소 입력도 편하지 않았습니다. 이유는 Frida와 Samuel 부부가 외국인으로서 한국에서 거주하면서 적은 자금으로 사업을 하기 때문입니다. 고객들도 거의 외국인이라고 들었습니다. 그 외국인 고객들은 좋은 물건의 충성 고객이면서 한국인에게는 편한 인터넷 쇼핑에 익숙하지 않아서 구매하는지도 모르겠습니다.

이러한 부분들을 조금씩 알게 되면서 한국의 인터넷 유통 플랫폼이 외국인 등 비주류의 다른 부분을 포용하지 못한다는 점에 대해 알게 되었습니다. 한국 사회의 다양성 부족이 금융상품이나 제도 등 여러 가지에 나타난다는 것을 알고는 있었지만, IT 기술을 이용한 플랫폼, 서비스에도 나타난다는 것을 새삼 느끼게 되었습니다. (아마 이런 이유로 근사한 한국의 서비스가 외국에서 힘을 쓰지 못하나 봅니다.)

하여간 제가 잠시 한가했을 때 Frida는 FridaSkincare제품설명의 한국어 번역을 부탁했고, 저는 기꺼이 도와주었습니다. 그 과정에서 여러 이유로 그들의 사업이 이익을 거의 내지 못한다는 사실도 알게 되었습니다. Frida와 Samuel도 중요했지만, 이기적으로 판단해 보아도, 제게는 Frida 샴푸의 대체품이 없어서 Frida 가게가 필요했습니다. 그래서 FridaSkincare 제품을 주변 사람들에게 많이 추천했습니다. 이렇게 정직하고 좋은 제품을 합리적인 가격에 살 수 있는데, 마케팅이 안 되어서 외국인들만 알고 있는 것도 한국 사회에는 불공평하다고 생각했거든요.

이런 식으로 도와주다가 결국 저는 FridaSkincare 제품의 한국에서의 판매를 제안받게 되었습니다. 갑작스러운 제안이긴 했지만, 고령화 시대에 성공적으로 생존하기 위해서는 언젠가 사업을 배우기는 해야 한다는 생각이 있었습니다. 더욱이 Frida와 Samuel의 철학과 삶의 방식이 저와 비슷하기도 하고, 그들에게서 작은 사업을 꾸려 가는 법을 배울 수 있겠다는 생각도 들어서, 비슷한 생각을 하는 또 한 사람과 함께 사업을 시작하기로 했습니다.

불안하냐고요? 물론 불안합니다. 하지만 제 능력을 기르고, 철학을 공유하는 근사한 사람들과 함께 친환경·윤리적 소비 및 미니멀 라이프스타일의 철학을 세상과 공유하고 그런 문화를 확산한다는 것은 분명 흥분되는 일입니다. 이 기회를 놓치면 죽을 때 후회할 수 있겠다는 생각도 들어, 결국 하기로 결정했습니다. 그리고 세상에 대해 정말 많이 배우고 있습니다.

모두에게는 각자의 길이 있겠지요. 여러분은 여러분의 도전의 기회가 왔을 때 잡을 수 있도록 평소에 준비하시기 바랍니다. 행복한 삶을 창조하는 예술가가 되시기 바랍니다. 과학적 사고방식을 훈련하시고 계시니 남들보다 좋은 도구는 가지고 있다고 믿습니다. 우리 모두의 건강한 생존과 번성을 빕니다.

고혜영

김혜영  이원아

이지연

한상영

# CHAPTER 03

# 소통하며 진화하는
# 융합 이야기

빵점도 행복한 긍정 소녀의
디자인과 공학의 융합 도전기

## 고 혜 영
서울여자대학교 디지털미디어학과 교수

● 　　현재, 서울여자대학교 디지털미디어학과 교수로 재직하며 디지털미디어기반의
콘텐츠 제작에 필요한 그래픽디자인과 응용 분야를 접목한 기획을 가르치고 있다. 부산대
학교 시각디자인학과를 졸업한 후 캐릭터를 기반으로 하는 융합연구를 위해 부산대학교 영
상정보공학과 대학원에 진학하여 애니메이션 캐릭터의 인상과 표정 자동생성시스템을 위해
디자인, 공학, 심리학 등 다양한 분야의 융합연구를 토대로 공학석사와 공학박사를 취득하
였다. 이러한 역량을 기반으로 2006년부터 3년간 동서대학교 디지털콘텐츠학부에 교수로
재직하였고, 2009년부터 현재까지 서울여자대학교 디지털미디어학과(구 콘텐츠디자인학과)에
재직하며 학생들을 사랑과 열정적으로 가르치고 있다.

문득 저의 나이를 보니 40대 중반을 향하고 있네요. 10대, 20대 때에는 40대라는 나이가 저에게는 오지 않을 거라고 생각했었습니다. 중학교 시절 친구들과 장난치며 신나게 놀았던 추억, 고등학교 시절 공부가 하기 싫어 학생회 활동을 입시보다 더 열심히 하면서도 내심 입시와 진로 걱정으로 불안했던 마음이 여전히 생생하게 살아 있는데 말이죠.

그 시절 저는 대학만 가면 편안한 길이 기다리고 있을 것이라고 생각했지만, 또 다른 고민보따리들이 기다리고 있었습니다. 지나고 보니 취업도 결혼도 마찬가지로 종착역이 아니었습니다. 모두 나의 여정을 이어 주는 점들이었고, 한 단계 한 단계 넘어설 때마다 고민도 더 복잡해졌고, 다음을 향해 지속적으로 나아가야 했습니다. 이러한 과정을 거치며 인생은 끊임없는 변화와 성숙의 여정이라는 것을 깊이 깨닫게 되었습니다.

인생의 여정을 즐기고 좀 더 행복해지기 위해서는 건전하고 바른 인생의 목표를 바탕으로 나를 소중하게 생각하는 마음과 긍정적인 자세, 감사하는 마음을 가지고, 힘이 되어 주는 좋은 친구가 필요하다고 생각합니다. 진로와 미래를 고민하는 후배들에게 그동안 많은 시행착오를 거치며 지내온 나의 경험들을 소소하고 편하게 나누며 함께 행복한 삶을 꾸려 나가면 좋을 것 같습니다.


## 어린 시절 0점도 행복했던 긍정적인 마인드 ____

어릴 때부터 부모님과 함께 외국에서 몇 년간 생활을 하며 국제학교를 다녔는데, 영어를 점점 잘하게 되는 만큼 한국말도 같은 속도로 잊어버렸습니다. 한글도 더듬더듬 겨우 읽을 수 있게 되자, 이를 걱정한 부모님께서 방학 중에 한국에서 몇 개월씩 학교를 다니게 해 주었습니다.

한국에서 3학년에 잠시 다니게 되던 때, 한국 친구들과 놀 수 있는 것에 들떠 있었습니다. 그리고 학교를 나간 지 며칠 후에 도덕 시험을 쳤습니다. 저는 당시 문제를 겨우 다 읽은 것에 의의를 두었습니다.

시험 채점 후에 선생님께서 만점 받은 학생은 손을 들라고 하니 한 명의 친구가 자신감 있게 손을 들었고, '하나 틀린 사람, 두 개 틀린 사람…' 하면서 점수가 낮아질수록 친구들이 부끄러워하며 손을 들었습니다. 나에게는 왜 손을 들 기회가 오지 않는 걸까 생각하며 계속 기다렸는데, 그 순간 선생님께서 "설마 0점 받은 사람이 있진 않겠지?" 했습니다.

드디어 내게도 손을 들 기회가 왔다 싶어 엄청 큰 소리로 "저요!" 하며 손을 치켜들었습니다. 그때 선생님과 모든 학생들이 약 5초 이상 짓던 정지된 그 표정은 수십 년이 지난 지금까지도 생생하게 기억할 정도로 인상적이었습니다. 당황한 선생님께서 "0점 받았는데도 용감하게 손을 든 혜영이를 위해 모두 박수!"라고 하시는 바람에 0점을 받고도 큰 박수를 받았습니다.

100점이 있다면 0점도 있겠죠? 저는 그것이 전혀 부끄러운 일이 아니라고 생각했습니다. 왜냐하면 저는 문제는 다 읽었기 때문입니다. 오히려 저는 '어쩜 0점을 받았을까?'라는 생각에 웃음이 많이 났습니다.

그 후, 한국에 귀국하여 본격적으로 초등학교 고학년을 다닐 때 늘 시험을 보고 나면 너무 기분이 좋아서 어머니에게 달려가서 자랑을 했습니다. "엄마, 나보다 시험을 못 본 애가 5명이나 있어!" 저는 늘 내가 꼴등이 아닌 것은 기적이고, 스스로 정말 대단한 것이라고 여겼습니다. 그리고 나의 뒤에 있는 사람의 숫자가 한 명씩 늘어나는 것도 놀라운 일이라며 스스로를 칭찬했습니다.

물론 어머니는 웃음을 참는 표정으로 "그런 걸로 다른 데 가서는 자랑하지 마라!"고 늘 당부했습니다. 그 당시 공부를 잘하건 못하건 기가 죽거나 슬퍼하는 등 감정적으로 동요될 일은 전혀 아니라고 생각했었고, 항상 긍정적인 방향으로 생각을 하다 보니 저의 삶도 늘 행복했던 것 같습니다.

## 캐릭터에서 시작된 용감한 도전과 좌절, 그리고 극복 ____.

제가 중·고등학교를 다니던 시절 '아트박스'라는 팬시 회사에서 다양한 캐릭터 상품들이 출시되었는데, 저는 특히 위트 있는 캐릭터 카드를 보는 재미가 너무 커서 하교 때나 주말에 시간이 날 때면 늘 습관처럼 매장에 들러, 새로운 캐릭터나 아이템이 나왔는지 구경하곤 했습니다. '새로운 캐릭터가 나오면 이런 스토리텔링으로 카드를 만들면 어떨까?', '캐릭터 모양을 이렇게 변경하면 어떨까?' 하며 나만의 상상력을 펼치는 것이 큰 재미였습니다.

한편, 문과 쪽 과목보다 상대적으로 수학이나 물리와 같은 이과 쪽 과목을 더 좋아하여, 고등학교 시절 건축공학과 또는 컴퓨터공학과로의 진학을 생각하고 있었습니다. 그러던 고등학교 3학년 6월의 어느 날, 진학을 진지하게 고민하던 중 제가 좋아하는 캐릭터를 진로와 분리하지 않고 일로 연결하고 싶다는 생각이 들었습니다.

그러기 위해서는 시각디자인학과를 가야 했습니다. 당시 디자인학과 진학에 있어서 미술 실기가 많은 비중을 차지하던 터라 학교 선생님은 나에게 불리한 그런 결정을 엄청나게 말렸습니다. 그럼에도 불구하고 저는 대학에 떨어지는 것을 감수하더라도 나의 결정대로 하겠다며 고집을 관철한 후, 힘들게 입시 준비를 하게 되었습니다.

그렇게 들어간 대학과 학과에서는 스스로 탐색하고 노력하지 않으면 아무것도 얻을 수 없는 곳이었고, 몇 년간의 대학 생활은 입시를 몇 개월 앞두고 용기만 가지고 무모하게 미술 실시를 시작했던 고등학교 3학년 말 때보다 더 암담했습니다. 하지만 정신을 차리고 스스로를 돌아보니 나름 푸른 꿈을 가지고 진학한 학과에서 꿈을 꾸지 않는 삶을 살고 있었고, 늘 불만을 토로했지만 그것을 극복하기 위한 노력을 하지 않았습니다.

그렇게 대학 졸업 이후에도 계속해서 이어질 나의 삶을 현실적이고 냉철하게 바라보며 나 자신을 위한 준비에 불성실한 나를 발견했습니다. 이미 때는 3학년이 마쳐 가는 시점이었습니다. 남은 1여 년으로 그동안의 시간을 회복할 수 있을지 많은 고민에 빠지게 되었습니다. 하지만, 내 속에 있는 긍정적인 마인드와 용기를 끄집어내어 이를 발판으로 다시 힘을 내보기로 했습니다.

그때부터 학교 수업에도 열정을 다하여 나의 관심 분야의 포트폴리오가 나올 수 있도록 최선을 다하였고, 늘 관심이 많았던 캐릭터 관련 공모전에 열심히 응모하여 다수 작품이 수상을 하는 행운을 얻었습니다. 그중 제가 미술을 시작한 계기가 된 '아트박스 캐릭터 공모전'에서 두 개의 큰 상을 동시 수상하게 된 것이 가장 값진 선물이었던 것으로 생각합니다. 당시 저는 '상'을 얻은 것이 아니라 노력하고 집중하면 반드시 얻을 수 있다는 '자신감'과 '가능성'을 얻었다고 생각했었습니다.

## 새롭게 진입한 공학 분야서
## 진통을 통해 체득된 융합능력 ____.

대학교 4학년 말, 취업을 준비하던 중에 우연한 기회로 애니메이션 자동화를 위한 융합연구를 하시는 공대 교수님을 소개받게 되었습니다. 캐릭터디자인을 잘할 수 있는 학생을 찾는다고 하여 마침 캐릭터 관련 다수 수상 실적을 가지고 있는 저와 연이 닿게 된 것입니다. 첫 미팅에서 교수님께서 생각하고 계시는 문화와 기술을 융합하여 많은 사람들이 문화적인 혜택을 쉽고 다양하게 누릴 수 있도록 지원하고자 하는 비전을 듣고 굉장히 흥미를 가지게 되었습니다. 그 후, 저는 바로 캐릭터디자인 회사로 취업을 준비하던 것을 접고 영상정보공학과라는 공대로 석사 과정을 하게 되었습니다.

당시 학부는 디자인, 대학원은 공학으로 학문 분야가 이질적이라며 많은 분들이 진학을 반대하였습니다. 실제로 당시에는 교수 임용 시, 학사-석사-박사 전공 간의 불일치는 큰 감점 요인이 될 수 있어, 특히 주변에 저를 아껴 주시는 교수님들의 반대가 많았습니다. 하지만, 저는 대학원 진학의 목표가 교수가 되기 위함이 아니라 제가 관심을 가지는 디자인과 연관된 분야에 새로운 시도를 통해 가능성을 찾는 것이었기에 전공 불일치 이슈는 문제가 되지 않는다고 생각했습니다.

그렇게 진학하여 시작된 공대에서의 공부가 어땠을까요? 당시 디자인을 전공했던 제가 공대를 진학하며 느꼈던 어려움은 예상 외로 컸고, 한동안 정말 힘든 시간을 보낼 수밖에 없었습니다. 고등학교를 졸업한 이후로 미대에서는 공부하지 않았던 행렬과 미분, 적분을 다시 공부해야 하는 것쯤은 전혀 어려움이 아니었습니다.

아무리 제가 다른 사람들보다 합리적인 디자인을 추구하는 사람이라고 하더라도 공대는, 감각적인 작업을 위한 개인의 개성과 창의성을 중요하게 여기던 미대와는 확연하게 다른 분위기였고 이는 큰 벽으로 다가왔습니다. 감성과 논리, 주관과 객관, 퀄리티와 효율 등 다양한 측면에서 대립되는 가치를 추구하였고, 한동안 큰 혼란에 빠졌던 것으로 기억합니다. 반대의 가치를 추구하는 곳에서 최선의 해결점을 찾기 위해 끊임없이 설득과 문제 해결, 보완의 과정을 거쳐야 했습니다. 아마도 제가 이질적인 두 개 학문을 전공하면서 겪은 가장 큰 어려움이자 가장 큰 배움이 아니었을까 생각합니다.

박사 학위를 받을 때쯤에는 제가 디자인과 공학의 '융합'이라는 것을 단순 지식으로 배운 것이 아니라 모든 측면에서 융합이 체득되어 있는 제 모습을 발견할 수 있었습니다. 공학이라는 새로운 학문을 이해하는 진통의 과정을 거치면서 디자인 분야를 확장하기 위한 융합적 시도를 할 수 있는 용기와 안목이 생긴 것입니다. 디자인을 포함하는 문화적인 영역을 다양한 실용영역으로 확장하는 데 기술뿐만 아니라 심리, 교육, 인문 등 다양한 분야와의 과감한 융합을 통해 새로운 연구와 가치를 달성할 수 있는 기반이 다져지게 되었습니다.

## 융합콘텐츠 개발을 위한 교육에 토대가 되다 ____.

제가 해왔던 공부와 일들을 쭉 뒤돌아봤을 때 정말 다양한 것들을 한 것 같지만, 캐릭터라는 한 가지 주제가 자주 함께 있음을 알 수 있었습니다. 석사와 박사 과정에서는 애니메이션 제작 시 전문가의 고도의 숙련된 기술과 노하우가 필요한 캐릭터 관련 작업을 효율적으로 해 줄 수 있도록 하는 데 연구의 목적을 두고 있었습니다. 원하는 성격에 따른 캐릭터 얼굴과 인상뿐 아니라, 다양하고 미묘한 감정의 변화에 따라서도 다채로운 표정이 자동으로 생성될 수 있도록 하는 연구를 수행하였습니다.

해당 연구는 기술 구현을 위한 공학뿐만 아니라 캐릭터 표현을 위한 디자인과 인간의 심리학 분야의 공부도 하며 학문의 경계를 넘나들었습니다. 어린 시절 단순히 캐릭터 카드가 좋아서 고집 부려 시작했던 공부가 학문의 영역과 플랫폼, 일의 분야를 넘나들더라도 크게는 그 맥을 이어 가고 있었던 것입니다.

학위 과정에는 게임용 캐릭터 개발 및 그래픽디자인, 방송용 캐릭터 개발 및 애니메이션 제작 등, 회사 실무일도 잠시 했었습니다. 새롭고 재미있는 경험이었을 뿐만 아니라 이후 대학에서 학생들 교육에 실질적인 노하우를 접목하는 데 도움이 된 귀한 경험이었습니다.

2006년도에는 동서대학교 디지털콘텐츠학부에 게임용 캐릭터 및 그래픽디자인 교육을 위해 교수로 처음 부임하였고, 2009년도에는 현재까지 재직하고 있는 서울여자대학교 디지털미디어학과(구, 콘텐츠디자인학과)에 교수로 부임하여 계속해서 학생들을 교육시키고 양성하고 있습니다.

제가 재직해 온 두 개 학과는 모두 SW 개발(공학)과 그래픽디자인을 융합적으로 교육하는 학과로, 일반 기술개발(공학) 또는 디자인만을 가르치는 학과보다 이질적인 분야에 학생들을 적응시킴으로써 향후 융합콘텐츠 기획 및 제작을 리드할 수 있는 역량을 가지도록 하는 데 목적과 강점을 두고 있습니다.

예를 들어 사용자들의 감성적 만족과 재미를 충족시켜 주는 캐릭터 홀로그램 콘텐츠 개발, 교육의 흥미와 효과를 증진시키는 AR 캐릭터 콘텐츠 개발, 사회적인 문제를 해결하기 위한 스토리텔링 기반의 인터랙티브 콘텐츠 개발, 사용자 감성 놀이와 힐링을 위한 인터랙티브 캐릭터 콘텐츠 개발 등을 다루게 됩니다. 목적에 따른 콘텐츠를 세부적으로 기획하고 기술적·디자인적인 접합을 통해 완성해 나갈 수 있도록 교육시키고 있습니다.

그동안 축적된 저의 다양한 경험이 경계를 넘나드는 교육을 시키는 데 많은 힘이 되고 있지만, 여전히 새롭게 공부해야 할 것들이 많고 변화를 읽어 가는 통찰력이 필요합니다. 이는 다시 저에게 새로운 도전을 제공하고, 지속적으로 저의 변화와 발전의 여정에 동력이 되고 있습니다.

## 마무리하며 ____.

자신이 그려 본 꿈이 있다면 용기 있게 접근해 보는 것은 어떨까요? 비록 처음 시작할 때 머릿속에 그려 놓은 목표와 조금 멀어지더라도 그 과정을 즐기고 노력해 보시기 바랍니다. 나에게 맞는 더 좋은 길이 열리고 기대 이상의 새로운 목표에 다다를 수 있을 것입니다.

또한 지내다 보면 좌절하는 순간들은 늘 찾아오기 마련입니다. 좌절의 순간보다 이것을 어떻게 이기고 회복하느냐가 더 중요합니다. 무엇보다 자신을 사랑하고 아끼는 마음을 잃지 않아야 할 것입니다. 그리고 반드시 모든 일은 양면성을 가지고 있으므로 부정적인 이면에 있는 긍정적인 면을 생각하고, 긍정적인 말을 자주 하며 자신의 삶에 긍정을 소환하시기 바랍니다.

조금 구체적으로 공학이라는 주제를 중심으로 진학, 진로의 고민을 많이 하고 있는 후배들이 있다면 저의 경험을 통해 다음과 같은 조언을 해 주고 싶습니다. 우리가 일반적으로 잘 알고 있는 공학 분야 외에도 교육, 심리, 인문, 사회 등 공학과 이질적인 분야들을 기초로 하여 공학 분야와 융합적으로 풀어 나갈 수도 있다는 것입니다. 용기가 다소 필요하겠지만, 정통으로 공학을 전공하는 것에 두려움이 있거나 다양한 분야에 관심이 많은 분들에게 오히려 융합적인 접근이 새로운 가치를 달성할 수 있는 가능성을 제공해 줄 것이라고 생각합니다.

마지막으로 앞서 말씀드린 다양한 이야기들에서 중요한 것이 하나 빠졌습니다. 제가 거쳐 왔던 매 순간에는 저에게 힘이 되어 준 정말 고마운 지인, 친구들이 항상 주변에 있었습니다.

고등학교 3학년 힘든 시기에 진로 방향을 바꾼 나에게 '너의 결정을 믿는다'고 하신 부모님과 유일하게 '너라면 할 수 있을 것 같다'고 격려해 주신 미술 선생님, 방황하는 대학 시절부터 늘 내 곁에서 내가 놓치는 사소한 수강신청까지도 챙겨 주며 마음을 나눌 수 있었던 너무 좋은 단짝 친구, 융합에 대한 비전을 심어 주신 지도교수님, 석사 졸업을 앞둔 나에게 대학 시간강의를 처음으로 소개해 주어 가르치는 일의 재능을 발견할 수 있도록 해 준 연구실 박사선배, 타 대학 재직 중에도 박사학위논문을 쓸 수 있도록 많은 배려를 아끼지 않으신 학과 교수님들, 지금도 지속적으로 발전할 수 있도록 조언을 아끼지 않는 많은 친구들과 동료들, 감동과 도전을 주는 소중한 제자들 그리고 인생의 고민을 나의 입장에서 들어 주고 힘이 되어 주는 남편….

너무나도 소중한 많은 사람들이 있었기에 지금의 내가 있을 수 있었습니다. 사람을 계산하거나 이용하려는 생각을 버리고 마음을 다해 진심으로 관계를 맺으시기 바랍니다. 나의 노력보다 더 큰 선물 같은 좋은 사람들이 내 곁에서 큰 힘이 되어 주고 있을 것입니다.

우물을 깊게 파려면
우선 넓게 파라!

## 김 혜 영

한국체육대학교 교양교직과정부 물리학 교수

1983년에 이화여자대학교 물리학과를 졸업하고 동(同) 대학원에서 응용물리학으로 박사 학위를 받았다. 1995년부터 한국체육대학교에 재직하며 엘리트 선수들을 가르치고 있으며, 스포츠와 과학기술의 융합연구를 수행하고 있다. 그리고 대한아이스하키협회(부회장)와 한국교양교육학회(부회장)에서 봉사하며 연구의 저변을 넓혀 나가고 있다.

저는 한국체육대학교에서 교양 과학을 가르치고 있습니다. 운동으로 땀에 흠뻑 젖은 학생들에게 우주가 어떻게 탄생했는지, 힘의 법칙이 무엇인지, 물질은 어디까지 쪼개지는지 등 자연의 법칙을 이야기합니다. 올림픽에서 금메달을 따는 선수도 수강합니다. 1분 1초라도 부단히 훈련해야 할 선수들이 왜 과학을 배울까요? 학생들이 많이 하는 질문이기도 합니다.

"교수님, 이거 배워서 뭐해요?"

일반 대학보다 교양 교육의 필요성이 상대적으로 낮은 체육 특성화 대학에서 교양 교수로 재직한 지 올해로 24년차입니다. 스스로에게도 학생들이 왜 교양 수업을 들어야 하는지 꾸준히 자문하며 나름대로 얻은 답이 있습니다.


## 넓이의 통찰에 주목해야 하는 이유 ____.

지식인이란 두루 살필 수 있는 '넓이의 통찰(通察, overview)'과 한 분야를 예리하게 관찰하는 '깊이의 통찰(洞察, insight)'을 겸비한 사람이라고 합니다. 신문 기사에 소개된 에이브러햄 링컨 전 미국 대통령의 말입니다. 우리말에도 '우물을 깊게 파려면 넓게 파라'는 말이 있지요. 한 분야에 대한 깊이 있는 몰입형 통찰 인사이트(insight)와 여러 분야에 대한 폭넓은 이해를 바탕으로 한 섭렵형 통찰 오버뷰(overview)가 함께 따라야 한다는 것입니다.

4차 산업혁명이라고 부르는 미래 사회에서는 문·사·철(문학, 역사,

철학)로 불리는 인문학적 소양이 더 중요시될 거라 합니다. 로봇으로 대체할 수 없는 인간 고유의 영역이지요. 특성화 대학일수록 체계적인 교양기초교육이 중요하다는 건 이런 맥락 때문입니다. 체육에 특성화된 우리 대학뿐만 아니라 카이스트, 포스텍 등 과학기술 특성화 대학도 마찬가지입니다. T자형 인재를 양성하기 위해 교양기초교육에 많은 투자를 하고 있습니다. 특히, 인문학 소양을 함양하기 위해서 고전 읽기를 강조하고 있습니다.

## 스포츠와 과학기술 융합을 선도하다 ____.

2011년, 개인적으로 좋은 기회를 얻게 되었습니다. 평창이 동계올림픽 개최지로 선정된 후에 당시 교육과학기술부는 올림픽을 계기로 동계스포츠 현장에서 필요로 하는 최첨단 원천기술을 개발하려는 계획을 세웠습니다. 정부의 계획을 구체화시키는 기획연구 책임자로 제가 선정되었습니다. 스포츠과학기술 원천기술 R&D 사업, 일명 '평창코리아 프로젝트'에 필요한 무려 2천억 원 이상의 국가 예산을 확보하기 위한 기획연구입니다. 이렇게 큰 규모의 사업을 기획해 볼 기회는 흔치 않습니다.

이때까지만 해도 사실 융합연구의 실체를 알지 못했지요. 융합연구는 사람에서 시작되고 사람에서 끝납니다. 상이한 분야 간에 합의된 결과를 도출해 내기가 쉽지 않았습니다. 스포츠 선수 및 지도자, 스포츠과학자, 과학기술계 교수 및 연구원 등 수십 명의 스포츠계와 과학기술계 전문가가 함께 연구를 수행했습니다. 스포츠와 과학기술계의 언어가 다르다고 할 만큼 소통이 쉽지 않았습니다.

이때 한국체대에서 20년 넘게 근무하면서 선수나 코치 등 스포츠현장 전문가와 소통한 경험이 큰 자산이 되었습니다. 스포츠와 과학기술계의 언어를 모두 이해함으로써 각 분야의 의견을 수용하고 조율할 수 있었습니다.

비록 '평창코리아 프로젝트' 사업이 십 분의 일로 예산이 축소되었고 내용도 수정되어 '스포츠과학화 융합연구' 사업으로 2014년에 출발하게 되었지만, 과학기술정보통신부에서 기획한 스포츠 과제가 실행되었다는 것에 큰 의미가 있었습니다. 현재는 해당 사업의 세부 사업으로 '동계스포츠과학화 기반조성 융합연구'를 카이스트와 함께 수행하고 있습니다.

스포츠 애널리틱스 연구로서 스포츠 현장의 데이터를 수집하고 분석하여 최적의 의사결정을 도출할 수 있도록 하는 기술을 개발합니다. 아이스하키, 크로스컨트리스키 두 종목에 대해 연구하고 있으며 기술 개발을 통해 훈련 방법을 과학화하여 선수의 경기력 향상에 기여하고자 합니다. 연구는 각 종목의 국가대표 선수들과 함께 수행하며 한국과학기술정보연구원(KISTI)과 LG전자 센서연구소도 연구에 참여하고 있습니다.

## 아이스하키, 빅데이터 연구 ____.

국제아이스하키연맹(IIHF)에서는 매년 세계선수권대회를 개최하며 경기마다 경기 내용을 수치화한 자료를 기록지(game summary)로 제공합니다. 연구자의 시각에는 선수 경기력 향상을 위한 귀중한 자료인데, 안타깝게도 스포츠 현장에서는 거의 활용되지 못하고 있었습니다. 따라서 아이스하키 경기에서 발생하는 방대한 기록지 정보를 수집하여 관리할 수 있는 플랫폼을 만들고 선수나 지도자가 원하는 데이터를 찾아볼 수 있도록 시스템을 개발하고 있습니다. 한국과학기술정보연구원(KISTI)의 연구데이터허브센터와 협력하며, KISTI에서 개발한 과학데이터 플랫폼인 '데이터네스트'를 기반으로 하고 있습니다.

대한아이스하키협회 부회장직을 수행하게 되면서 연구의 몰입도가 더욱 높아졌습니다. 이전에는 연구를 위해 아이스하키 경기를 봐도 관람객의 입장, 연구자의 입장에서만 보았는데 이제 관계자가 되니 태도가 달라지더군요. 선수들이 잘했으면 하는 마음이 더 간절했습니다. 이런 마음으로 연구에 임하니 우리 선수들에게 도움이 되기 위해

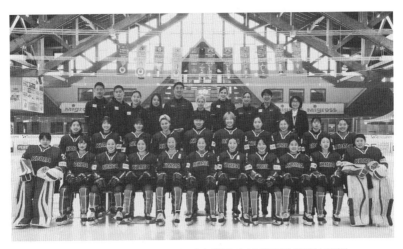

2018년 4월, 이탈리아 북부 아시아고에서 개최된 여자아이스하키 세계선수권대회
3부 리그에 출전한 대한민국 여자아이스하키 국가대표 선수 및 지도자와 함께

더욱 적극적으로 수행하게 되었습니다.

선수들을 위해서 할 수 있는 일은 매우 제한적이지만 무엇보다 아이스하키에 대한 지속적인 관심과 응원을 보내고 널리 홍보하는 일이 제가 할 수 있는 최선이라고 생각합니다. 앞으로는 연구 경험을 바탕으로 우리나라 아이스하키 발전을 위해 할 수 있는 일을 더욱 모색해보려 합니다.

## 크로스컨트리스키, 인공지능 코칭시스템 연구 ____•

크로스컨트리스키 경기 보신 적 있으세요? 스키를 타고 수십 킬로미터 코스를 주행하는 고된 스포츠로 동계스포츠의 마라톤입니다. 활동 반경이 넓은 종목이라 코치가 일일이 선수의 움직임을 체크할 수 없습니다.

우리 연구에서는 크로스컨트리스키 종목에 최적화된 동작 센서를 제작하여 실시간으로 동작 데이터를 수집하고 분석하여 코치가 즉시 선수의 움직임을 확인할 수 있도록 합니다. 더 나아가 선수 개개인의 기량을 극대화할 수 있도록 맞춤형 코스 운영 전략을 제시하는 인공지능(AI) 코칭시스템을 개발하고 있습니다. LG전자 센서연구소와 카이스트의 우수한 연구진과 협업하고 있습니다.

우리 연구는 연구실에 앉아서 하는 우아한 연구가 아닙니다. 전 연구진이 영하 20도의 스키장에서 오들오들 떨며 실험을 합니다. 여름이면 겨울을 찾아 전지훈련을 떠나는 국가대표 선수들을 따라 뉴질랜

2016년 8월 뉴질랜드 퀸스타운에서 진행한 알파인스키 실험에 참여한 국가대표 선수들

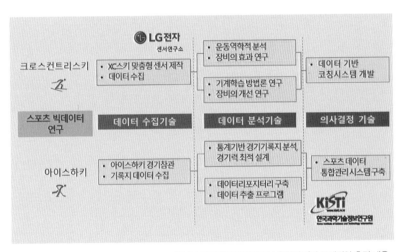

'동계스포츠과학화 기반조성 융합연구'의 구체적인 추진 내용

드 스키장에서도 실험합니다. 이런 실험을 한 번 하려면 센서를 제작하는 연구진, 선수의 동작 데이터를 분석하는 연구진, 국가대표 스키 선수와 지도자, 그리고 무엇보다 국가대표의 연구 참여를 설득할 수

있는 스포츠전문가, 심지어 스키장 관계자까지 총동원해야 합니다.

　이들의 의견을 모아 책임지고 판단하고 총괄적인 수준에서 결정하는 것은 모두 연구 책임자의 몫입니다. 연구 책임자는 인사이트만으로는 부족합니다. 인사이트와 오버뷰를 모두 겸비해야 합니다.


## 깊이 파기 위해 먼저 '넓게' ───●


　한 분야의 연구만으로 복잡한 사회문제를 해결하기는 어렵습니다. 학제 간 융합연구가 필수로 떠오르고 있습니다. 융합연구 중에서도 성격이 매우 다른 분야 간의 연구를 수행해 보니, 융합연구의 성패가 '사람'에 달렸다는 걸 알게 되었습니다. 다양한 분야의 전문가가 함께하는 융합연구에서 모두가 공동의 목표를 향해 전진해야 합니다.

　이때 연구 책임자는 협업자에게 적절한 지원 또는 배분 등 지속적으로 타협을 해야 하는데, 늘 공정해야 하고 투명해야 하며 상대를 존중하고 배려해야 합니다. 배려하면서도 리더십으로 모두가 한 방향으로 갈 수 있도록 독려해야 합니다.

　연구가 진행 중이지만 감사하게도 융합연구를 성공적으로 수행하고 있다고 평가받고 있습니다. 이만큼이나마 할 수 있었던 이유를 생각해 보니, 여러 분야를 넓게 파 온 덕분이라고 생각합니다. 가치가 있다고 생각하는 일에 봉사를 하다 보니 여기저기 참 넓게도 파 두었네요. 융합연구를 하며 각계각층의 사람들을 만날 때 이 넓은 구덩이가 빛을 발합니다.

특히 이공계 전문직 여성들이 모인 단체에서 봉사하며 얻은 경험이 중요한 역할을 했습니다. 이 단체에서 개최하는 국내외 학술행사와 여성의 권익 신장을 위한 정책 제안 등 여러 일을 했습니다. 제가 하는 연구와는 관련 없지만 여성 과학자와 여성 공학기술인들이 가치 있는 일을 해 보려 모인 단체이기에 좋은 뜻으로 참여했고 보람도 있었습니다.

일반적으로 조직에서 여성의 의사결정권이 제한적이고 리더의 역할을 할 기회도 많지 않지만, 나와 다른 분야에서 일하는 여러분들과 네트워킹을 하며 봉사를 통해 리더십을 경험했습니다. 자연스럽게 제안에 숨어 있던 역량들이 밖으로 나오고 부족했던 부분도 채워질 수 있었습니다.

2014년 아이스하키 세계선수권대회에 참가

2018 ISBS 국제학술대회에 연구원들과 함께 참가

이공계 여성 멘토링을 위한 선배들의 모임

## 선배의 금과옥조와 같은 조언 ____.

다양한 봉사 활동을 하며 만난 여성 선배들의 조언은 금과옥조와 같았습니다. 신임 교수 시절 이야기를 하나 들려드리면, 당시 사회생활을 처음 하며 어려운 점이 많았지만 주변에서 뒷말이 들려오는 게 힘들었습니다. 아니 땐 굴뚝에 연기도 났고, 지금 생각하면 별거 아닌 말에도 무척 예민했었습니다. 그때 한 선배가 '악담은 덕담이다'라고 통 크게 알려 주셨습니다. 그때 마음자리가 넓어졌는지 뒷말에 크

세상을 바꾸는 여성 엔지니어 13

게 신경 쓰지 않게 되었습니다. 상대도 별 재미가 없는지 이후로는 자연스럽게 뒷말도 사라졌었습니다.

중견 교수가 되니 감당해야 하는 문제도 달라졌습니다. 위로는 선배 교수들이 아래로는 후배 교수들이 있고, 학교라는 조직 내에서 다양한 사안을 판단하고 처신하는 일이 많아졌습니다. 스스로 공정성, 형평성, 일관성을 원칙으로 삼고 지냈지만 할 말을 할 자리에서는 중견 교수로서 귀감이 될 만한 행동을 해야 할 것 같았습니다.

그때 선배 한 분이 평판이 중요하다고 말씀해 주셨습니다. 나와 함께 일하는 주변 사람들에게 좋은 평판을 받도록 노력하라는 뜻이었습니다. 즉 좋은 평판을 유지한다는 것은, 옳은 일을 하고도 싫은 소리를 듣지 않아야 하고, 남을 도와주고도 욕을 먹지 않아야 한다는 것입니다. 여전히 쉽지 않은 일이긴 합니다.

저는 한 20여 년 동안 넓게 파고 근래에 깊이 파고 있는 것 같습니다. 많이 파 놓아서 그런지 깊이 파는 과정이 힘들어도 보람 있고 즐겁습니다. 감사하게도 주변에 내 편을 들어주는 든든한 선배들이 계셨기에 힘든 시간을 또 털고 나올 수 있었습니다.

요즘 성공의 탄탄대로에 빨리 올라타기 위해 앞만 보고 시작부터 깊게 파는 학생들을 많이 봅니다. 정말 깊고 튼튼하게 파기 위해서는 주변을 돌아보며 넓게 파는 게 중요합니다. 여성 엔지니어분들께 꼭 하고 싶은 말은 우리의 삶을 더욱 풍요롭게 해 주는 문·사·철의 인문학적 소양을 기르고, 가능하면 여성공학기술인 단체든 어떤 단체든지 속해서 봉사 활동을 통해 폭넓은 경험을 해 보라고 권하고 싶습니다. '우물을 깊게 파려면 우선 넓게 파라'는 전략으로.

자연과 소통하는
마음의 눈으로

## 이 원 아
모자익 대표

● 　　국토교통부와 농림축산부, 경기도, 서울시, 수자원공사, 의료광고협회 등 심의
위원, 농촌중심지 PM단으로 농촌지역 활성화에도 기여하고 있다.
(사)한국여성건설인협회 부회장이며 한국여성과학기술단체총연합회, 한국기술사회, 배제대
와 농협대 강사로 활동 중이다. 성균관대 겸임교수를 역임하였고, 2015년 과학기술진흥부
문 장관표창을 받았다.
저서로는 『소쇄원 긴 담에 걸린 노래』(경관읽기1), 『퇴계 – 고인도 날 못 뵈고 나도 고인 못 뵈』
(도산서원 경관읽기 2)가 있다.

# 사람과 자연 그리고 소확행 ____.

어릴 적 나는 눈이 내리는 날을 무척 좋아해 하얀 눈이 내리면 무조건 눈 내린 곳으로 달려가곤 했다. 흰 눈이 소복이 쌓여 아무도 밟지 않은 그곳은 나만의 안식처로 케렌시아(Qurensia)[5], 소확행을 누리는 곳이었다.

## 찾는 즐거움과 가꾸는 행복

우리가 하는 모든 일들은 자연스러울 때 가장 편안하고 오래간다. 사는 공간도 억지로 꾸미지 않은 자연스러운 곳에서 편안함을 느낀다. 도시에 사는 사람들은 휴일이면 자연을 찾아 산천으로 떠나거나 집 안의 화초를 돌보고 텃밭을 가꾼다. 실내 화초나 작물은 손이 많이 가고 관심과 정성이 필요해, 돌보는 사람의 발소리를 들으며 자란다고 한다. 화초나 작물을 키우며 느끼는 생명의 신비와 아름다움 속에 자연을 가꾸는 즐거움이 있다.

나무에 관심이 없던 학생들도 매주 나무일기를 쓰면서 작은 변화에 관심을 갖게 되고 나무의 속삭임을 듣는 즐거움을 알게 된다.

무심히 지나는 길에서도 유심히 귀 기울여 자세히 보면 새순 돋는 소리, 꽃이 피는 소리, 새소리와 함께 잎이 전하는 이야기를 들을 수 있다는 것을.

---

5) 투우장의 소가 마지막으로 일전을 앞두고 홀로 잠시 숨을 고를 수 있는 공간, 스페인어로는 안식처를 의미 (『트렌드 코리아 2018』, 김난도 외 7인 공저, 미래의 창).

'자세히 보아야 예쁘다. 너도 그렇다.'[6]라는 싯구처럼 멈추어 서서 가만히 주위를 살펴보면, 평소에는 보이지 않았던 자연의 경이로움을 찾아낼 수 있다.

## 관심과 정성

입사 후 처음 들었던 사장님의 말씀이 지금도 잊히지 않는다. "자네는 설계도면을 얼마나 사랑하나?"

도면을 사랑하느냐고? 아니, 도면을 왜?? 이상한 질문에 망연자실해하고 있는데, "도면을 보면 도면을 그린 사람[7]이 그 도면을 어느 정도 사랑하는지를 알 수 있다"고 말씀하셨다. 좀 더 많은 경험을 쌓고서야 도면에 동그라미로 그려 진 수목도 사랑하는 마음이 있어야 함을 깨달을 수 있었다.

조경(造景)은 자연을 대상으로 이용을 위한 경관과 장소를 만드는 일이다. 이용자가 사람일 수도 있고, 동물, 식물, 곤충, 물고기일 수도 있다. 조경은 자연을 소재로 하여 생명체를 위한 공간을 만드는 작업이다. 그래서 내가 생각하는 조경은 예술보다는 과학이며, 공학으로 계획한 공간을 이용하는 누군가를 위한 일이다.

---

6) 나태주 시인의 시 「풀꽃」 중에서

7) 처음 일을 시작했던 당시에는 컴퓨터 캐드가 아니라 모든 작업과 도면은 홀더를 이용해 직접 그려야 하는 일이었고 선 하나 글씨 하나마다 두께와 나름의 의미를 부여해 도면에 생명을 불어넣는 작업이었다.

# 만들 수 있는 것과 만들어지는 것 ____•

무더운 날씨가 계속되면 요즘 사람들은 걸으면서도 선풍기를 들고 다닌다. 바로 얼마 전 나도 공동구매한 손풍기다. 벽돌이나 타일을 똑같이 사용하여 만드는 아파트라는 건물이 가능한 것처럼 같은 모양으로 만들 수 있는 공산품은 언제나 원하는 시기에 공동구매가 가능하다.

아파트 설계 시공 감리를 하면서 입주민들의 불만사항 접수 시, 가끔 "왜 옆집 나무는 예쁜데 우리 집 나무는 모양이 다르냐? 옆집과 똑같은 나무로 다시 심어 달라."고 요청하는 경우가 종종 있다.

나무를 벽돌처럼 공장에서 똑같이 찍어 낼 수 있을까?

수십 년에 걸쳐 가지치기 등으로 다듬으면 원하는 형태의 수목을 만들 수 있지만, 공산품처럼 공장에서 대량생산하여 동시에 똑같은 수형과 수령[8]을 지닌 나무를 원하는 시간 내에 만들어 낼 수는 없다. 규격화된 형태와 특성을 만들어 내려면 유전자를 조작하듯이 저마다 가지고 있는 특성을 인위적으로 제어해 자연 순리에 역행해야 한다.

## 거리에서 쉽게 만나는 나무, 가로수

울창한 가로수 길을 보고 도시의 매력에 빠져들곤 한다. 프랑스 샹젤리제 플라타너스 가로수 길도 그중 하나이다. 플라타너스는 세계 4대 가로수 중 하나로 1950년대 우리나라를 대표하는 가로수였다.

---

8) 수형은 나무의 모양이나 형태의 3차원의 나무를 말하며, 수령은 나무의 나이를 의미한다.

서울시 가로수 현황통계에 의하면, 2004년~2017년까지 가로수 수종 중 칠엽수, 왕벚나무, 이팝나무 순으로 증가하였지만, 은단풍과 플라타너스는 큰 폭으로 감소하였다. 플라타너스와 은단풍은 빠르게 자라는 속성수로 상점 간판을 가리고 눈병을 유발하는 꽃가루 날림 등의 이유로, 은행나무는 열매 냄새로 인해 사라지고 있다.

수령 70년 이상 가로수들이 베어지면서 플라타너스와 은행나무가 아름다웠던 서울 샹젤리제 거리는 사라지고 있다.

### 세월을 품고 명품이 된 가로수 길

파리 샹젤리제 거리처럼 명소가 된 곳이 담양 메타세쿼이아 가로수 길이다. 담양군에서는 메타세쿼이아 가로수 길 주변 도로 확장을 추진하면서 노선 변경에 따라 가로수를 제거하려고 하였다. 이에 반대한 주민들은 메타세콰이어 가로수를 보존하기 위한 운동에 적극 참여

담양 메타세쿼이아길(담양군 죽녹원 홈페이지)

하였고 가로수는 살아남았다. 이렇게 잘 지켜 낸 가로수 길은 지역 대표 관광명소가 되었다. 만약 메타세쿼이아 가로수가 베어졌다면, 지금처럼 담양이 생태관광 명소로 자리 잡을 수 있었을까?

담양 메타세쿼이아 가로수 길이 알려지면서 서울시의 신사동 가로수 길, ○○가로수 길처럼 명품가로 조성으로 이어졌다.

가로(街路)는 명품으로 단장되었지만, 기존 가로수는 베어지거나 다른 수종으로 대체되면서 담양처럼 세월을 품은 명품 가로수 거리의 이미지를 찾기는 더욱 어려워졌다.

세월을 품은 나무를 마주할 때면, 지금까지 견디며 잘 자라준 나무에 대한 고마움과 다른 이익을 목적으로 나무를 없애지 않고 그 자리에 있도록 지켜 준 사람들의 노력에 감사하며 나무를 힘껏 안아 주고 싶다.

사람과의 관계도 시간과 경험을 공유하며 만들어지듯이, 나무를 주 대상으로 하는 경관은 시간이 지난 후 비로소 제 모습을 갖추고 우리와 마주하게 된다. 경관을 만들어 가는 작업은 세월이 더해지는 기다림을 즐기고 생명을 배려하는 마음으로 해야 한다. 조경(造景)을 한다는 일은 그래서 인내와 끈기가 필요하며, 자연의 순리에 맞추어 내세우기보다는 조금 물러나 대상 그 자체를 지켜봐 줄 수 있는 여유로움과 관용이 필요하다.

# 삶과 죽음 … 생태계 ____.

사무소를 개업하고 얼마 지나지 않은 2003년 서울시립산골공원을 건축사무소와 공동으로 계획·설계를 진행하게 되었다.

## 묘지에서 공원, 삶의 공간으로

2003년 초 서울 시립 납골시설이 포화 상태에 이르자 해결방안으로 산골(散骨)을 검토하고 산골공원을 조성하고자 하였다. 당시만 해도 수목장(산골)은 생소했고 뿌리 깊은 한국 장묘 문화 속에 갑자기 추진된 산골(수목장)에 대한 비판도 있었으나, 장기적으로 산골 방식의 장묘 문화가 바람직하다는 방향하에 추진되었다.

우리나라에서 처음 조성되는 산골공원이었기에 어떤 기준도 없어 해외 사례와 여행 경험 등을 토대로 만들어야 했다. 조경가로서 우리나라 특유의 장묘문화로 인해 국토의 많은 지역이 묘지로 변하기 전

서울시립 승화원 홈페이지

에 산골공원을 계획하는 일은 중요한 일이고 해야 할 일이었다.

산골공원 설계는 죽음은 끝이 아니라 자연으로 돌아가 새 생명으로 되살아나는 생태계의 순리임을 깨닫게 해주었고, 공동'묘지'라는 죽음의 공간에 산골'공원'이라는 삶이 함께하는 공간으로 인식의 변화를 이끌어 내는 계기를 마련했다는 자부심이 있다.

2007년 장사법의 개정으로 자연장의 법제화가 이루어지고, 오늘날에는 대기업 총수[9]도 수목장을 하는 시대가 되었다.

### 생명의 물에서 죽음의 강으로

사무실이 조금씩 안정화되어 갈 즈음 국토 중심을 가르는 대운하 계획이 대통령 선거공약으로 나왔다. 침체되었던 건설업계는 활기를 되찾는 계기가 되었으며, 조경업계도 대운하 즉, 4대강 관련 일이 많아졌다.

지구온난화와 도시화로 여름철 집중호우와 폭풍우에 의한 홍수와 가뭄으로 인한 피해가 늘어나고 있는 상황에서 하천정비사업은 필요한 사업이다. 그러나 목적을 달성하기 위해 물그릇을 키워야 한다는 단순 논리로 본류의 강바닥을 준설하고 강의 흐름을 차단하거나 바꾸기 위한 댐과 보를 설치하는 방법은 과연 맞는 것일까?

대형 국책사업 참여는 매우 뜻깊은 일이고 회사를 확장할 수 있는 좋은 기회로 자주 접할 수 있는 것은 아니다. 그러나 국토의 3분의 2가 산지인 우리나라에서 전국토를 관통하는 대운하(4대강 사업)를 만드는 것이 과연 자연스러운 일인가? 생태계의 순환에 부합되는 일인가?

---

9) 2018년 5월 별세한 LG 고(故) 구본무 회장의 장례가 친환경 수목장으로 치러졌다.

쉽게 되돌릴 수 있을까?'라는 의문이 이어졌다.

기술사가 되고 사무실을 오픈하기 전, 도산서원을 대상으로 책을 쓰기 위한 답사 길에 만났던 안동댐과 수몰지 낙동강변이 떠올랐다. 강추위로 얼어붙은 수면 위를 걸으며 얼음 밑이 조금씩 갈라지며 들리는 웅웅거리는 소리, 그 소리는 마치 수몰로 매장된 생명들의 울부짖음처럼 느껴졌다.

우리나라는 5% 이하의 경사지가 23% 정도로 주로 서해와 남해안에 집중되어 있다. 완만한 경사가 필요한 골프장을 만들려면 산 일부 또는 낮은 구릉지는 흔적도 없이 사라진다. 작은 구릉지 하나가 대상지인 골프장도 이러한데, 국토를 관통하는 4대강 사업은 얼마나 많은 생태계를 파괴할까?

매년 녹조 현상과 수질 악화 등 하천 생태계 파괴 현상들을 볼 때마다, 환경관련 사업은 규모를 떠나 시일을 가지고 목적에 맞는 옳은 방법과 그 방법에 대한 철저한 검증이 필요하다고 생각한다.

자연은 공장에서 만들 수 있는 것이 아니기에.


## 묘지에서 소통의 상징으로

1998년 금강산 관광이 시작된 이후 많은 사람들이 금강산을 다녀왔지만, 2000년 초 금강산은 아직도 먼 나라 이야기였다. 그러던 2003년 8월 현대 정몽헌 회장의 갑작스런 죽음 후, 금강산에 혼을 묻어 달라는 유지[10]를 시행하기 위한 설계 시공 감리가 진행되었다. 아는 선

---

10) 故 정몽헌 회장 금강산에 魂을 묻다, 2003.08.13. 주간동아

금강산 온정각에서 열린 고 정몽헌 회장 1주기 추모식(연합뉴스. 2004.8.4.)

배는 급히 나에게 전화했고, 실향민 자녀인 나는 흔쾌히 모든 일정을 뒤로하고 그 일을 맡았다.

지금은 판문점에서 남북 정상회담이 열리고 화해 분위기가 조성되고 있다. 그러나 그 당시는 서로 말을 하거나 쳐다보는 것도 금지하는 분위기 탓에 우리 일행들은 초긴장 상태였다.

전 공정을 3일이라는 초단기 일정 내에 현장 분석과 설계, 시공을 마무리하고 돌아와야 하는 일이었고, 수목 등 소재와 현장 작업 인원의 제약으로 쉽지 않은 일이었다.

돌 하나 풀 하나라도 설계대로 시공하기 위해서는 보이지 않는 요소들을 충분히 고려해야 하는 세심한 작업이었다. 주변 지형이나 여건이 조금만 달라져도 기단석이 기울어지거나, 땅속에 돌이 많아 수목을 심을 수 없는 등, 보이지 않는 요소에 따라 많은 부분이 달라지기 때문이다.

사진 촬영이 허락되지 않아 작업했던 흔적을 뉴스사진 만으로 접하고 누가 설계와 시공을 했다는 기록은 없으나, 요즘 남북 관련 뉴스를 보면서 미약하나마 소통의 씨앗이 되었다고 믿고 싶다. 작은 씨앗이 긴 세월을 견디며 열매로 우리 앞에 나타났듯이, 자연은 세월을 통해 만들어 지는 것이고 모두의 것이어야 한다.

### 빈 공원(空園)과 모두의 공원(公園)

도심에서 공원은 숲과 녹음이 그리울 때 쉽게 찾아가는 마음의 안식처다. 하지만 편안한 안식처가 때론 무서운 장소로 변하기도 한다. 누구나 이용 가능한 공원이기에 때론 범죄의 소굴이 되기도 한다.

유럽 여성친화도시 [11] 답사 후 우리나라 공원을 위치와 접근성을 중심으로 주제발표를 한 적이 있다. 유럽은 도시의 토지이용계획을 할 때, 가장 먼저 녹지를 중심으로 배치계획을 수립하였기에 도시가 완성된 후 성장·확대되어도 푸르른 도시를 유지할 수 있었다. 반면, 우리나라는 접근성이 좋은 중심부부터 경제논리를 앞세워 상가와 오피스, 아파트, 공공시설 순으로 배치한 후 남는 공간에 녹지(공원)를 배치한다.

자투리 외진 곳에 계획된 도심의 공원은 누구나 이용하는 공원(公園)이 아니라 비워진 공원(空園)이 된다. 사람들이 이용하기 불편한 빈 공원은 광로(廣路)의 교차로 안이나 단지외곽에 배치되어 밤에는 무서워

---

11) (사)한국여성건설인협회에서 2002년 여성친화도시를 위한 유럽답사 이후 서울시 여성친화도시 만들기 지침 연구를 시작으로 여성가족부의 가족 친화 공간 조성 연구까지 이어졌고, 전국에 안전한 여성친화도시, 여성친화기업과 공간으로 확대하는 틀을 제공했다.

못 가고 낮에는 달리는 차들이 무서워 가기 힘든 빈 공원(空園)이 된다.

이제 우리는 누구나 쉽게 접근할 수 있어 편안하고 한여름 열대야를 식혀 주며 미세먼지를 걸러 주는 등 많은 혜택을 주는 도시의 허파 같은 공원(公園)을 만들고 지켜야 할 때가 아닐까!


## 보이는 것과 보는 것, 보이지 않는 것 ____.

우리는 종종 같은 곳을 다녀왔지만 서로 다르게 기억하는 것을 경험할 때가 있다. 왜 그럴까? 서로 다른 사람들과 함께한 같은 여행지의 사진을 보면서 "어머! 이런 곳이 있었어?"라는 말을 자주 들을 수 있듯이, 같은 지역을 다녀왔지만 서로 다르게 보는 것이다.

공간의 계획과 설계는 보이도록 하는 일이다. 보이도록 설계하기 위해 우린 종종 보이는 것들 위주의 그림 같은 모습을 만들려고 한다. 수많은 이야기를 한 장에 보이도록 그린 조감도를 보면 너무나 멋진 풍경이 그려진다.

보이는 것만으로 무엇을 판단한다면 어떻게 될까?

사업이 완공된 후 때론 구상할 때 전혀 보이지 않던 모습이 보일 때가 있다. 마치 녹조라떼처럼…. 우리는 눈앞에 멋진 조감도에 속아서는 안 된다. 설계하는 사람은 보이지 않는 것도 보이도록 미생물도 되고, 식물도 곤충도 되어, 그 속에서 살아 보아야 한다.

한여름 도심 뙤약볕에서 나무 그늘은 얼마나 반갑고 고마운 존재인가? 나무가 그 역할을 다하기 위해서는 수관폭[12]만큼 뿌리가 자랄 수 있는 땅속 공간이 필요하다. 가로에서 쉽게 만나는 나무, 가로수는 폭원 1미터 내외의 좁은 그릇 안에 갇혀 자라고 있다. 그마저도 상가나 간판을 가린다고 베어지고 잘려 나가고 있다.

우리는 나무 한 그루와 한 평의 공원, 4대강을 위해 무엇을 하였나? 더 이상 4대강의 아픔 등을 되풀이하지 않으려면, 물속 보이지 않는 작은 플랑크톤까지도 살 수 있는 환경을 계획하고 설계해야 한다. 우리는 보이지 않는 미생물부터 수많은 생태계의 상호작용으로 삶을 영위하고 있고 그래서 서로가 모두 소중한 생명인 것이다.

자연과 사람을 생각하는 일은 오랜 시간 참고 인내하며 버티어 온 노거수처럼 삶과 죽음의 일련의 과정을 인식하고 소통할 수 있는 마음의 눈이 필요한 일이 아닐까.

"내 비밀은 이런 거야, 매우 간단한 거지.
무엇이든 마음의 눈으로 볼 때 가장 잘 보이는 거야.
가장 중요한 것은 눈에 보이지 않거든."[13]

---

12) 나무(수목)의 가지나 잎이 무성한 수관의 좌우 길이.
13) 「어린왕자」의 일부. 생텍쥐베리.

자신만의 '그 어떤 것'으로
창업에 도전하기

# 이 지 연

㈜온플랜비 대표

포스텍에서 물리학을 공부하고 삼성종합기술원에서 연구원으로 일을 하다가 어린 시절부터 관심이 많았던 그림과 디자인을 공부하러 미국에 유학을 다녀왔다. 귀국해서 회화작가와 디자이너로 국내외에서 커리어를 쌓아 가던 중, 갑작스런 질병으로 가족을 잃게 되면서 관여해 오던 모든 일을 그만두고 건강식품 사업에 뛰어들어 '온플랜비'라는 법인회사를 세웠다. 현재는 '저스트네이처'라는 브랜드를 통해 아로니아 제품을 생산·유통하고 있으며 앞으로 천연물질에서 치료물질을 대량 생산해 낼 수 있는 작지만 강한 바이오 회사로의 성장을 목표로 열심히 뛰고 있다.

어려서나 성인이 되어서나 회사를 직접 운영해 보고 싶다는 생각을
해 본 적이 없었으니, 최근 몇 년까지도 창업이란 늘 남의 이야기였
다. 성실하게 공부한 덕에 이공계 대학을 졸업하고 대기업 연구소에
서 연구원으로 몇 년 동안 일을 했다. 하지만 대기업 회사 생활이 잘
맞지 않아 지루한 시간을 보내다가 결국 회사를 그만두고 어렸을 적
부터 관심이 많았던 예술과 디자인 분야를 공부하기 위해 미국에 있
는 예술대학에 다시 진학했다.

이제야 나만의 소확행(소소하지만 확실한 행복)의 꿈을 실현할 수 있겠
구나 하는 생각에 한동안 들떠 지내기도 했다. 그러나 삶은 결코 계
획한 대로 흘러가지 않는가 보다. 이제부터 여러분과 나눌 이 이야기
는 마흔 후반에 뒤늦게 '어쩌다 보니 창업'에 뛰어들어 여전히 좌충우
돌하고 있는 나의 창업 도전기이다. 특별하지 않아 특별할 수 있는 이
이야기가 나와 비슷한 상황에 놓여 있는 여성 후배들에게 작은 도움
이 될 수 있기를 바라는 마음으로 시작해 본다.


## 우연히 찾아든 아픈 이별 ____.

2011년 8월 15일, 광복절 휴일을 맞아 가족 모두 오랜만에 부모님
댁 근처에 있는 음식점에 모여 점심 식사를 함께했던 날이다. 사실은
날이 갈수록 재롱을 더해 가는 이제 만 두 살이 채 되지 않은 조카를
보기 위해 모인 자리였다. 집안의 첫 2세였으니 더 이상 무슨 말이 필
요할까?

그러나 주중에는 공부와 일로 바쁜 동생 내외를 대신해 조카를 돌봐 주고 계셨던 친정 엄마의 걱정 어린 당부 말씀을 듣고 그날 바로 대학병원에 가서 조카의 건강검진을 받게 되었는데, "백혈병"이 의심된다는 의사의 진단에 따라 결국 서울대 어린이병원에 급히 입원을 하게 되었다. 너무나 갑작스럽게 찾아든 절망적인 소식에 슬퍼할 겨를도 없이 조카를 살리기 위한 가족 모두의 힘들고 어려운 싸움이 시작되었다.

그 당시 나는 국내 대학의 학부 과정에서 물리학을 전공하고 대기업 연구소의 가상현실팀에서 연구원으로 4년 정도 일을 하다가 어린 시절부터 관심이 많았던 미술과 디자인을 공부하기 위해 직장을 그만두고 미국 대학의 학사, 석사 학위 과정을 끝내고 귀국해 재정착을 위해 부단히 애쓰고 있었던 참이었다.

강남구 신사동에 작업실을 얻어 낮에는 미술학원을 운영하고, 밤에는 내 그림 작업을 하면서 일과 작업을 병행했다. 하지만 서울과 지방에서 개인 전시회를 몇 회 열고, 중국 상하이에서 열린 국제 아트 전시회에도 참여하면서 회화작가로서의 경력을 차근차근 쌓아 가고 있었던 시기여서 몸은 좀 힘들었지만 일과 작업의 균형 안에서 만족스럽게 지내고 있었다. 그러나 조카의 백혈병 진단 이 후 조카를 살리기 위한 가족의 헌신과 노력은 계속되었지만 18개월의 처절한 투병 생활은 가족 모두에게 참을 수 없는 상처와 고통이었다.

투병 생활이 막바지에 이르렀던 어느 날, 담당 교수가 가족들을 보자 하며 환자를 위해 "더 이상 병원에서 해 줄 수 있는 것이 없다"는 말을 했다. 담당 교수와 전담 주치의의 치료와 조언을 열심히 따라가다 보면 좋은 결과가 있을 거란 믿음으로 견디며 버텨 왔던 시간들이 그 순간 절망이 되어 무너져 내렸다.

그래도 포기할 수는 없었다. 그래서 '백혈병(leukemia)'이란 키워드로 출간된 영문 논문들을 찾아 읽으며 스러져 가는 조카의 생명을 다시 돌이킬 수 있는 모든 방법을 밤낮으로 찾아보았고, 그 결과 '아로니아(black chokeberry)'라는 베리를 처음으로 만나게 되었다. 아로니아의 항암 효과에 대한 논문의 존재만으로도 실낱같은 희망을 느끼고 그 당시 국내에서 유일하게 아로니아 제품을 생산하고 있었던 업체를 찾아가 도움을 청했지만 실질적으로는 아무것도 해 보지 못한 채 결국 조카와는 영원한 이별을 해야만 했다.

그 당시의 심정을 글로 표현하는 것은 불가능하다. 너무나 사랑스러웠던 조카를 지켜 주지 못했다는 죄책감과 무력감은 지금까지도 명치 어딘가에 박혀 있는 파편처럼 때로 나를 힘들게 만든다. 그 고통은 일상으로 돌아온 지금까지도 치유되지 않는 아픈 기억으로 남아 있다. 사랑하는 가족의 고통은 곧 나의 고통으로 고스란히 전해졌고 견딜 수 없는 슬픔의 늪이 되었다.


## 견딜 수 없는 슬픔의 기억은 새로운 도전의 시작이 되고 _____.

가족의 누군가에게 심각한 질병이 찾아오면 그 순간 가족 모두의 일상은 더 이상 일상이 아니라 말 그대로 병마와의 전쟁터가 된다. 그리고 삶의 형태가 심하게 일그러지면서 잔인한 고통의 시간이 시작되고, 각자 저마다 품고 있었던 살아가야 할 이유는 방향을 잃게 된다.

이런 뼈아픈 경험이 건강에 대한 절실함으로 나를 이끌게 되었을 무렵에 우연히 이전에 찾아가 상담을 받았던 아로니아 업체에서 1년은 제품 패키지 디자이너로, 그 후 몇 년은 마케팅 분야의 임원으로 일할 기회를 얻으면서 현장 실무 경험을 쌓아 갈 수 있었고, 결국 2016년 4월 1일, 이 모든 고통의 경험에 중심에 있었던 조카의 아빠인 남동생과 함께 "주식회사 온플랜비"라는 법인회사를 시작했다.

서울대학에서 법학을 전공한 동생은 생산·유통·법무 관련한 업무를 전담했고, 나는 마케팅·디자인·홍보 등을 전담하면서 우선은 2인 기업으로 강남역 주변에 있는 작은 오피스에서 개업식도 없이 단출하게 시작했다.

질병을 대처하는 가장 훌륭한 방법은 첫째가 '예방'이고, 둘째는 '치료'이다. 그러나 누구나 다 알고 있을 법한 상식에 가까운 이런 조언이 경험상 효력이 없는 것은 질병을 예방하기 위해 필요한 것들, 예를 들면 식사의 양이나 내용을 조절한다거나 꾸준한 운동을 한다거나 하는 등의 구체적이고 반복적인 실천이 뒤따라야 하는데 그에 필요한 물리적인 시간이나 절실함이 부족하기 때문이다.

이런 시점에서 소비자들이 질병으로부터 자유로울 수 있도록 질병을 효율적으로 예방하고 치료할 수 있는 제품과 서비스를 연구·개발하고, 생산하고, 유통하는 전문기업으로서의 역할을 다한다는 것은 그 무엇보다도 의미 있는 일일 것이다.

우선 질병의 예방적 차원에서는 국제적인 연구 결과와 논문을 통해 검증된 최고의 천연 항산화 성분의 보고인 아로니아(블랙초크베리, black chokeberry) 열매를 이용해 제품을 생산하기로 하고, 우선 폴란드에서 최상 등급의 아로니아 농축액 원료를 수입하는 절차를 밟는 것에서부터 본격적인 업무가 시작되었다.

최상의 원료로 최고의 제품을 생산하는 일련의 과정에서 예상했던, 때로는 예상하지 못했던 여러 가지 문제들을 만났으나 인내심을 최대한 발휘해서 하나둘씩 차근차근 해결해 나갔다. 그래서 창업을 한 지 16개월 만인 2017년 8월에 드디어 "저스트네이처"라는 브랜드명을 달고 2개 품목의 프리미엄 아로니아 농축액 제품을 출시했다.

동시에 원료와 제품을 안전하게 보관할 수 있는 냉동창고와 물류창고를 계약하고 유통을 위한 판매 채널(자사 쇼핑몰과 온라인 오픈마켓 직영몰 등)을 확보하는 일도 진행해 가면서 회사와 업무 프로세스의 틀을 좀 더 견고하게 갖춰 나갔다.

2017년 8월에 첫 생산된 제품들이 회사 창고로 처음으로 입고되고 있는 모습

어느덧 첫 제품이 출시된 지 1년이 지났다. 현재 회사는 질병의 예방적 차원에서 필요한 제품을 예정대로 출시하고 다양한 유통 채널들을 시도해 보고 있다. 소비자들에게 제품을 널리 알리고 매출로 이어지게 하는 데에는 많은 시간과 비용이 든다. 특히나 제한된 예산으로 효과적인 마케팅을 하기 위해서는 실질적인 방법에 대한 고민이 뒤따라야 한다.

다행히 요즘엔 기존의 광고 채널들 이외에도 적은 비용으로 손쉽게 접근할 수 있는 SNS 광고 등이 있어서 이를 적절하게 활용할 필요가 있다. 예산이 허용된다면 경험이 많은 마케팅 전문 회사와 협업을 해가면서 회사의 존재 목적과 비전에 부합하는 마케팅 전략을 찾아가는 것도 중요한 일인데, 다행히 몇 개 회사들과 프로젝트를 해보면서 나름 회사에 맞는 마케팅에 대해 눈을 떠가고 있다.

질병을 치료하는 차원에서 제품을 연구·개발하고 유통하는 업무는 접근 방법이나 진행 과정에 있어서 예방 차원의 제품의 경우와는 많은 차이가 있다. 게다가 연구 개발 기간도 현저히 다르고 투입되는 비용도 비교되지 않을 정도로 차이가 많이 나기 때문에 실현에 성공하기가 매우 어렵다. 그러나 소비자들이 행복하려면 무엇보다도 질병의 위험으로부터 자유로워져야 하고, 그러기 위해서는 아로니아에 함유되어 있는 안토시아닌 성분의 의학적인 가능성을 실질적인 제품으로 현실화시켜야 한다. 그것이 바이오 기업으로서 온플랜비가 나아가야 할 방향의 출발점인 것은 분명하다.

2016년 4월에 창업을 한 후 16개월 만에 출시된 첫 아로니아 제품들

## 철저한 준비 없이 새로운 먼 길을
## 떠나도 괜찮아요 ____•

　대학을 졸업한 지 어느덧 수십 년이 지났다. 청소년기를 지나면서 세상에 존재하는 모든 물체들의 물성과 운동성에 대한 관심을 갖게 되었고, 이를 수학적인 언어로 명료하게 설명하고 표현할 수 있다는 점에서 매력을 느껴 대학에서는 물리학을 공부했다. 졸업 후, 경제적인 독립을 위해 대기업 연구소에 들어가 처음으로 사회생활을 경험했고, 가상현실 연구팀에 들어가 실무를 진행하면서 '물리학'이라는 학문에 대한 관심을 더 갖고 있는지 여부를 확인하고 싶었다.

　비록 학문으로서의 물리학 분야를 떠나겠다고 결정하고 어려서부터 꼭 해 보고 싶었던 예술과 디자인 분야를 공부하기 위해 서른이 넘어 유학을 다녀와 그 분야에서 나름 열심히 잘해 나가고 있다고 생각했지만, 이제 기업인이 되어 '바이오'라는 분야에 새롭게 도전해야 하는 상황을 맞고 보니 삶이라는 것은 꼭 계획대로만 진행되는 것은 아니기 때문에 불안감이 늘 뒤따르지만 다른 한편으로는 그래서 더 흥미로울 수 있는 것 같다.

이십 대에 이공학 분야에 처음으로 발을 들여놓은 후, 예술과 디자인 분야를 거쳐 다시 이공계 산업 분야에 돌아와 국내 대학의 우수한 연구팀들과의 공동 연구 프로젝트를 기획하고 있는 요즘, 대학 시절에 밤을 새워 가며 이해하려고 끙끙댔던 내용들이 이렇게 현실적인 숙제로 다가오리라고는 미처 예상하지 못한 것 같다.

살아가면서 예상을 뛰어넘는 경우를 맞닥뜨렸을 때, 우리는 상반된 감정들을 경험한다. 놀랍거나 흥미롭거나…. 어쩌면 놀라움 뒤에 두려움이 도사리고 있거나 흥미로움 뒤에 절망이 기다리고 있을 수도 있겠지만 이 모든 감정이나 경험들은 우리 자신을 한층 더 성숙하게 성장시키거나 새로운 분야로 이끌기도 한다. 그런 의미에서 시간과 경험의 변주곡 형태로 우연히 만나게 되는 예측 불허의 상황들마저도 최선의 기회로 만들어 버리겠다는 보다 적극적인 자세가 필요하지 않을까 하는 생각이 든다.

『세상을 바꾸는 여성 엔지니어 13』의 집필진으로 초대받은 것은 개인적으로 큰 영광이다. 게다가 이 글을 준비하고 작성하면서 내가 꿈꾸고 있는 이상과 그에 가까이 다가가기 위해 지금부터 차근차근 만들어 나가야 하는 현실에 대해 정리하고 돌아볼 수 있어서 더욱 의미가 있었다. 이제야 '세상을 바꾸는' 바이오 분야에 도전장을 내밀게 되어 아직 갈 길이 멀다.

어쩌면 그 길 위에서 예상하지 못한 더 큰 난관을 만나 주저앉게 될수도 있고 어디론가 도망가고 싶어질지도 모르겠다. 하지만, 20대 시절에 대학을 다니면서 교수님들의 가르침을 통해서 혹은 동료 학생들과의 관계 안에서 습득한 지식에서 출발하여 직장에서의 실무 경험을 더하고, 개인적으로 살아오면서 얻은 삶에 대한 통찰력을 적절하게 적용한다면 저마다의 현실이 열어 주는 창업의 기회를 마다할 이유는 없다고 생각한다.

## 자신만의 그 어떤 것들 ____.

실패도 성공도 혹은 그 중간 어딘가에 있는 상태도 모두 배움의 장이다. 현재 학교를 다니고 있거나 직장에 몸담고 있는 20대, 30대 혹은 40대 여성 후배들에게 말해 주고 싶은 것은 "창업에 대한 두려움을 갖지 말라"는 것이다. 나 자신도 성공적인 창업이 무엇인지, 무엇부터 시작해야 하는지 알고 시작한 것이 아니다. 상황이 나를 그 길로 안내했고, 두려움을 갖는 대신 새로운 분야에 도전해 볼 수 있는 기회라고 생각했기 때문에 "더 늦기 전에 도전해 보자"는 생각으로 뛰어들었다. 하지만 지금까지의 경험에 비추어 보니 창업에 앞서 판단해야 하는 몇 가지 중요한 것들이 있음을 알게 되어 여기서 그 내용을 공유해 보려 한다.

분야를 막론하고 창업은 적지 않은 비용과 기회비용, 그리고 인생의 소중한 시간을 써야 하는 마라톤과 같은 긴 여정에 비유될 수 있기 때문에 "그냥 한번 해 보자"라는 식으로 시작하기에는 무리가 있다. 창업의 목적에는 여러 가지가 있을 수 있다. 큰돈을 벌어 보겠다거나 자아실현을 해 보겠다는 것도 좋고, 가치 실현이나 사회 공헌도 좋다. 하지만 분명히 기억해야 하는 것은 그 어떤 목적도 일에 대한 애정과 성실함이 없이 계속 해나갈 수 없다는 사실이다.

반짝반짝하는 아이디어는 필요하겠지만 반짝하고 사그라들 관심이나 의욕은 경계해야 한다. 그렇다고 모든 것을 완벽하게 준비한 사람만이 창업에 성공하는 것도 아니다. 마치 "어떻게 하면 행복해질 수 있나요?"라는 질문에 답을 해야 하는 경우처럼 "어떻게 하면 창업에 성공할 수 있나요?"라는 질문도 어쩌면 정해진 답이 없는 질문인 것 같다.

행복을 찾아가는 과정도, 창업을 해서 회사를 이끌어 가는 과정도 하루하루를 살아 나가면서, 매일매일 회사를 운영해 나가면서 조금씩 더 얻게 되는 자신만의 경험과 통찰력 위에, 그동안 쌓아 온 업무에 대한 전문성과 성실함을 조화시킬 수 있을 때 자신만의 작은 교향곡으로 완성되는 것이 아닐까 하는 생각이 든다.

이 글은 성공적인 창업을 위해 필요한 전략을 담고 있지 않다. 나는 그런 전략을 갖고 있지 못하고 잘 알고 있지도 못하다. 다만 여성 후배들에게 아직 진행 중인 나의 창업 경험을 솔직하게 들려주면서 특별하지 않은 나도 이렇게 시작할 수 있었으니 여러분도 도전해 보라는 이야기를 해 주고 싶었다. 그렇다고 창업이 쉬운 길이라는 이야기는 결코 아니다. 어쩌면 여러분들이 걸어온 그 어떤 길보다 어려울 수 있다.

그러나 자신만의 방법으로 창업의 길을 가 보고 싶은 분이 있다면, 도전해 보시라. 다만 "자신만의 그 어떤 것", 예를 들어 자신만의 경험, 통찰력, 전문성, 성실성 등을 갖고 있다면 더 유리할 것이라는 점을 잊지 마시라. 그리고 마지막으로 "자신만의 그 어떤 것"을 갖추려면 평소에 틈나는 대로, 혹은 매일 일정한 시간을 마련해 인문사회 분야의 책들을 가까이 함으로써 깊고 넓게 사고할 수 있는 훈련을 게을리하지 마시라는 조언을 더불어 해 주고 싶다.

여러분들의 도전에 축복과 배움이 함께 하길 진심으로 바란다.

다름의
진화

한 상 영
한국산업기술진흥원 책임연구원

　　　문과출신으로 산업정책 · 기술정책을 전공하고, 한국전자통신연구원을 시작으
로 20여 년 엔지니어들과 함께 일하고 있다. 연구원시절 기술기획을 하면서 문과출신으로
이공계 전공자들과 "보이지 않는 차이"를 이해하려고 많은 노력을 하였고, 산업기술정책과
사업을 수행하면서 그들의 언어를 사회의 언어로 바꾸려고 노력해왔다.
연구원에서 관리기관으로 직장이 변경되고, 정보통신에서 산업전체 기술의 기획, 개발, 관
리를 하면서 많은 이공계 전문가를 만나서 20여년을 보냈다. 그동안 문과출신으로 기술기
획을 하고, 산업기술정책을 하고, 산업기술사업을 관리하면서 서로 다른 문화를 접하고, 다
른 전공자와 같이 일을 하면서 내공을 다졌다.
지금은 문과와 이과, 일하는 여성과 남성사이의 경계선에서 진정한 의미의 "융합인"이 되었
다고 자부한다. 앞으로, 모든 여성들이 존중받고 자기의 꿈을 펼치는 사회가 되는데 한사람
의 힘을 보태기 위해, 움직이고 있다.

오늘도 공학전문가들과 회의는 잘 끝났다. 회의 결과를 공유하고 다음 회의까지 의견에 대한 이견이 그다지 크지 않을 것이라고 기대한다. 우리가 같은 단어에 대해 대단히 다른 이해를 하고 있을 것이라고 생각하지 않는다. 이렇게 되기까지 많은 시행착오와 함께, 나와 다른 사람을 이해하는 시간이 필요했다.

나는 문과생으로 이공계 전문가들과 20년간 직장 생활을 했다. 이 글은 현재까지의 과정에 대한 기록이다. 내가 '30대에 깨달았더라면' 삶이 더 풍부해지고 의미가 있었을 아쉬움의 기록이며, 후배들은 나보다 좀 더 나아지기를 바라는 마음의 표현이다.

## 남성문화, 여성문화가 따로 있더라 ____.

대학에서 산업정책을 세부 전공으로 정하고 학위 논문을 썼다. 동료 연구자들, 정부와 기업 관계자들, 피조사대상자들이 대부분 남성이고, 남성이 주류를 이루고 있으며, 남성문화가 '주류 문화'를 이루고 있었다. 나는 그 문화에서 하나의 예외였으며, 가만히 있어도 두드러지는 그 무엇이었다. 누군가 주류 문화가 나에게 주는 의미를 말해 주었거나 그 속에서의 행동 방법을 일깨워 주었을 것이지만, 그때는 귀담아듣지 않았다. 왜냐하면 그다지 어려운 문제나 뚫고 나가지 못할 것은 아니라고 보았거나, 아니면 별로 중요하게 생각하지 않았기 때문이다.

열심히 했고, 아주 열심히 했다. 그저 열심히 했다. 산업정책을 분석하고 발표하고, 성과를 지켜보며 성장해 가는 미래를 그렸다. 외국 연구비 지원도 받았고, 외국생활도 했고, 외국정부와 기업의 사례조사도 잘 끝났고, 논문도 좋은 평가를 받았다. 이후, 연구소에 자리를 잡고 직장 생활을 시작했다.

당시 다른 사람들이 주목받으려고 노력하는 것에 비해, 여성이기에 작은 것도 두드러졌기 때문에 그렇게 많은 노력이 필요하지 않았다. 어디에서도 '여성' 연구원은 별로 없었다.

직장에서 내가 남성이 주류인 세계에 속해 있다는 사실을 차츰 깨달으면서, 말로 표현할 수 없는 '미묘한 다름'이 조금은 부담스럽게 다가왔고, 그 다름을 '유사함'으로 바꾸기가 쉽지 않다는 것을 깨달았다. 초기에는 홍일점이 상징적인 의미가 있고 직장 내에서 생동감을 주기에 '용인'되었던 것이, 시간이 지남에 따라 경쟁자로 인식되고 남성이 하는 것처럼 의사결정을 하고 일을 처리해야 하는 상황에서 다르게 행동하는 것이 서로에게 부담이 되는 상황이 생기기 시작했다.

중요한 회의가 있는 경우, 자리에 앉아 일하는 중에도 홍일점으로 불려 가기도 했고, 다른 동료들에게는 주어지지 않는 발언을 하는 특별한 기회가 주어지기도 했다. 그때 말을 잘하면 정치적이라는 평가, 특혜를 받고 있다는 오해를 받아야 했고, 못하면 눈치 없는 무능한 사람이 되었다. 동료들에게 '마스코트'라는 말을 듣기도 했고, 여성 보직자가 한 명인 상황에서 다른 여성 보직자의 탄생을 의도적으로 막고 있다는 오해를 받기도 했다.

그러던 중, 어느 분이 "한 박사가 발표하고 나면 분위기가 바뀌어요."라고 말씀하셨다. 그것이 무슨 말인지 이해를 못하다가, 동료 여성 보직자가 생기고 나서 전체업무보고를 하는 과정에서 알게 되었다. 그녀의 목소리 톤, 사용 언어, 보고 방식은 다른 남성 보직자들과는 달랐다. 그녀의 목소리 톤은 남성보다 높았으며 또렷하게 발음했고, 업무 내용을 상대적으로 자세하고 길게 보고하고 있었다. 그녀 이후에 발표하는 남성 보직자들의 목소리는 앞선 사람들보다 높아졌고, 좀 더 자세히 보고하기 시작했다. 전체 회의 분위기에 영향을 미친 것이다. 예전에는 매번 내가 그랬었다.

어느 분은 남성 보직자들은 주제를 말하고 나서 부연설명이 없어 본인이 직접 물어보아도 겨우 몇 마디 하는 것에 그치는데, 내가 보고를 하면 전후 사정과 내용을 자세히 전달하려고 한다는 '다름'을 말씀하셨다.

한편, 대개 남성은 여성보다 말이 적다고 생각하지만, 남성도 수다를 좋아하고 아주 많은 소문을 퍼뜨린다. 사회생활에서 필요한 4가지 '연(緣)'이 있다고 한다. '혈연, 학연, 지연 그리고 끽연'. 남성들은 담배를 피우면서 시시콜콜한 정보부터 중요한 의사결정, 개인에 대한 평가까지 많은 것들이 교환된다. 여성들은 혈연·학연·지연을 활용하는 경우도 약하지만, 끽연은 절대적으로 약하다. 따라서 정보에 의사결정과정 참여, 개인평가정보 등 모든 것이 약해질 수밖에 없다.

이러한 차이는 사람들이 만들어 가는 것도 있지만, 요구받기도 한다. 예를 들어, 승진심사에서 떨어졌는데, 같이 떨어진 남성 동료는 정신적으로 힘들어해서 정신과 치료를 받는가 하면, 다른 동료들에게 이번에 승진해야 하니 인사고과를 달라는 의사를 표시했다는 평이 돌았다. 만약 여성이 그렇게 했다면 "여자가 너무 경쟁적이라느니, 협력하지 않는다느니" 하는 평이 돌았을 것이다.

실제로 나도 승진심사에 떨어진 후, 같이 심사를 받았던 남성 동료보다는 덜 스트레스를 받는 것 같았다. 그때 나에게는 속한 조직에서의 승진도 중요했지만, 회사의 스트레스를 집에서 풀 수도 없는 상황이어서 밖으로 표현하지는 않았다. 하지만, 여성이 남성보다 승진 누락의 스트레스를 덜 받는 것은 아니다. 단지 표현 방법이 다를 뿐이지.

여성이 조직에 보직자로, 연구원으로, 책임자로 많이 참여하고 있다면, 다름이 개인의 특성이 아니라 여성과 남성이라는 큰 범주에서 비롯되는 차이이며, 개인적인 것이 아닌 여성의 특성이 될 것이고 개인이 짊어질 짐도 적어질 것이다. 또한, 남성들도 여성의 특성을 익히고 알아야 할 것이다.

여성이 중요한 자리, 높은 지위에 있어야 하는 것은 여성들의 편안함을 위해서도 필요하다. 다만, 지금은 여성이 남성보다 숫자상으로 적기 때문에 주류가 아니다. 여성들이 동등하게 많아지거나 장애인이나 다문화인들이 사회에 포함되면, 성적인 측면이나 소수문화 등 다름으로 인한 피해는 줄어들 것이다. 그것이 개인적인 차이가 아니라 사람으로 평가받을 것이기 때문이다. 아직은 그렇지 않기 때문에 상황을 판단하고 현명하게 행동하는 것이 필요하다.


## 문과와 이과는 서로 다른 '두 문화'이더라 _____.

학생 시절, C.P. 스노우의 『두 문화』에서 정신과 물질의 사회과학

(인문학)과 자연과학의 차이를 읽었고, Max 베버의 도서에서 사회과학
방법론과 자연과학방법론의 차이를 공부했었다. 학교에서 이론적으
로 책에서 두 문화의 차이를 배웠다.

이공계 전문가들과 일하면서 가끔 사회과학과 이공계의 차이를 느
낀 사례가 있었다. 연구원에서 많은 엔지니어를 만났다. 기술연구소
라서 그런지 모든 용어들이 기술용어였고, 경제학 용어였다. 회의
나 협의를 하고 나면 다른 점이 있었다. 엔지니어들이 꽤 차분하다는
것, 순서도 같이 논리적인 그림그리기 선호한다는 것, 주변적인 것보
다는 주제에 구체적으로 더 집중하는 것, 규칙과 규정을 잘 지키려고
하는 것 등이었다.

한번은 연구소 정산담당부서에서 다른 과제의 정산서류를 열람한
적이 있다. 내가 속해 있던 과제는 연구비를 계정항목별로 얼마큼의
예산이 남아 있었는데, 개발부서의 연구비는 모든 항목이 '0'원으로
처리되어 있었다. 몇 십 원도 남아 있지 않고 모든 계정항목이 '0'원.
매우 놀라운 사건이었다. 그래서 다른 기술개발 과제담당자에게 당신
과제도 그러시냐고 물었다. 그렇다고 한다. 나로서는 전혀 상상되지
도, 가능하지도 않는 일이었다.

또 다른 사례이다. 연구소 가까이에 집이 있던 연구원들은 퇴근시
간이 되면, 일단 퇴근했다가 저녁을 먹고 다시 출근하여 늦게까지 야
근을 하고 늦게 집으로 돌아갔다. 그리고 다시 출근했다가 다시 쉬
고. 그런데, 어떤 사유로 원장님께서 정시 출근 명령을 내리시자, 연
구원들 간에 정시 출·퇴근 운동이 일었다. 연구원들은 퇴근했다가
저녁 식사 후 다시 출근해서 야근하는 것을 그만두었다. 그러자 연구

결과 도출이 늦어지기 시작했다. 순한 것 같았던 그들이 뭉치니 힘이 되었다. 대단한 결속력이었다.

한번은 나를 제외하고 모든 팀원이 공대 출신으로 팀이 구성된 적이 있었다. 해결해야 하는 문제가 생겼는데, 내가 말하는 것을 팀원들은 무슨 말인지 의아해했다. 주변적인 것이라고 했고, 논리적이지 않다고 했고, 목적이 뭐냐고 물었다. 나는 열심히 설명했지만 모두를 이해시키기 어려웠다. 모두가 이해하고 협력해야 하는 상황이었기 때문에 팀원 입장에서 문제를 바라보고 해결책을 찾으려고 했다.

생각한 방법은 문제 제기부터 해결까지의 모든 과정을 순서도처럼 그림으로 그리고 중요한 변수를 제시하면서 설명했다. 팀원들은 쉽게 이해했고, 목표를 향해 업무를 집중했다. 내가 기대했던 이상의 성과를 얻었다. 팀원들은 완전히 해결되지 않을 것이라고 예상했던 것보다 더 정교하고 훌륭한 결과를 냈으며, 과정을 매뉴얼로 만들기까지 했다.

나는 공대생들의 업무 방식에 진심으로 놀랐다. 나와 그들은 같은 단어를 말하고 이야기했지만, 의미와 적용이 달랐다. 연구소 생활에 적응하면서, 이공계 전문가들에게 적응해야 했다. 대강을 말하고 다양한 방법으로 문제에 접근하고, 정답이 아닌 가능성을 제시하는 것, 즉 불분명한 것에 대한 거부감이 있는 것 같다.

향후 4차 산업혁명기술의 발달은 사회에 큰 영향을 미칠 것으로 예상되기 때문에, 기술의 사회적 수용성, 사회 내 다양성의 유지, 윤리와 도덕·상식의 문제, 인간적인 것의 의미에 대한 고민, 인간 정신의 발달과 사고력 등 문화적·사회적 주제를 기술적인 입장에서 생각해 보는 자세가 필요할 것이다.

# 나는 진화하고 있는 중이다 ____.

융합의 시대라고 한다. 나는 진정한 융합을 하기 위해서는 한 분야의 고수가 되어야 다른 분야를 이해할 수 있고, 그런 다음에 융합이 가능하다고 생각한다. 나는 여성 사회과학자로서 훈련을 받았고, 자연과학을 공부한 사람들을 만나 지금까지 다름을 겪으면서 지내왔고, 비로소 각각의 다름을 하나로 융합시켜 가고 있다.

나는 지금까지 진화해 왔고, 앞으로도 계속 진화해 갈 것으로 기대한다. 다음은 내가 생각하고 있는 나의 진화 방향이다.

## 서로 같이 버티자

사회생활에서 발생하는 어려움을 내 것으로 개인화하지 말고 '제3자 것으로 간주'하고 있다. 사회생활을 해야 한다고 판단하고 그것에 가치를 부여하고 있기 때문에 버티고 있다. 강하기 때문에 버티는 것이 아니라, 버티고 있는 과정에서 점차 강해지고 있는 것이다. 같이 버티는 사람이 많아지면 서로 힘도 되고 어려움도 덜 느낄 것이다.

경력이 단절되면, 복귀할 때 문과 출신이 좀 더 다양한 방식으로 다양한 곳에 다양한 직급으로 취업하는 것 같다. 그러한 형태로 복귀할 때 부담을 비교적 적게 느끼는 것이다. 하지만, 이공계는 원래의 자리로 돌아가는 것은 물론이고 취업 자체에 부담이 더 큰 것 같다.

반면, 경력 단절이 일어나지 않는 경우에는 이공계 출신이 자신이 속한 조직, 기업 내에서 높은 자리로 올라갈 가능성은 문과보다 훨씬 더 높다. 전문성이 확실히 보장되고, 희귀성이 있기 때문에 버티기만

하면 유리한 것이다. 그래서 이공계 여성들은 어려운 고비를 어떻게든 넘기면 좋겠다. 버티는 과정에서 "시간"이 많은 것을 해결해 준다. 내 주변에 나와 같이 버티는 여성들이 많아지고 같이 진화했으면 좋겠다.

### 나 자신에 대해 자부심, 자긍심을 갖자

우리는 다른 사람의 의견을 많이 고려하고, 가능하면 다른 사람의 의견을 들어주고자 한다. 갈등도 피하고 싶고, 관계가 원만하지 않다는 소문이 나는 것도 부담스러워 그렇게 하는 경향이 있다.

그런 상황에서 내 입장, 의견은 무엇인가? 자신의 의견을 가지고 남의 의견을 갖는 것과 아무 생각 없이 남을 고려하는 것은 다르다. 전자는 배려, 양보라고 하겠지만, 후자의 경우는 그냥 끌려가는 것이다.

그저 끌려가고 나서, 상대방이 배려가 없다고 투덜대거나 내가 양보했다고 하지 않았으면 좋겠다. 그건 상대방이 그렇게 하도록 여지를 준 것이다. 내가 양보, 배려하는 상황을 만들기 위해서는 많은 노력이 필요하다. 주변 상황의 변화에 대해 정보가 있어야 하고, 사람들도 사귀어야 하고, 내 것을 내놓을 수 있는 아량도 필요하다. 내 결정에 대한 자신감도 필요하고, 의견을 자신감 있게 내놓을 수 있는 자존감도 필요하다. 그런 것들을 통해 내면을 더욱 강하게 하고 내 선택에 대한 머뭇거림을 줄일 수 있다.

### 삶의 의미, 진정성 있는 일을 하자

"열심히 살았다. 그런데, 의미가 있었나? 가급적이면 의미 있는 일을 하고 사회에 보탬이 되는 일을 하고 싶다." 요즘 드는 생각이다.

연구에 따르면, 50대의 여성들은 삶의 의미, 일의 진정성을 남성보다 더 많이 생각한다고 한다. 조직 내 승진, 많은 월급 등으로 나타나는 성공보다는 일이 나에게 주는 진정한 의미를 더 많이 고려한다는 것이다. 내 마음속에서 일의 가치, 일의 의미를 고민하고 있는 즈음에 이 연구를 알게 되었는데, 그 연구 결과는 내가 가지고 있던 의구심을 많이 설명해 주었다.

어느 정도 사회생활을 하면, 내가 했던 일이 그대로 인정받아 승진과 명예, 월급 상승 등으로 이어지는 경우도 있지만, 사라지거나 일회적인 성공에 그쳐 다른 사람의 기억에서는 잊히고 나만 기억하고 있는 경우도 많다. 한두 번 이런 일을 겪다 보면 참 허탈하고, 내면의 붕괴로 이어지기도 한다.

바쁘지만 가끔은 인생에 정말로 의미 있는 일, 사회에 도움이 되는 일, 진정성을 갖는 일을 지속하는 것도 좋을 것 같다. 사회에 보탬이 되는 일은 전문성과 구체적인 지식을 필요로 하는 경우가 많은데, 이런 기회는 이공계배경을 가진 사람들에게 더 많은 것 같다.

**여성은 적이 아니라 같이 가야 할 동료이다**

여성의 적은 여성이라는 말이 있는데, 이것은 구조적인 요인에서 비롯된 것이라고 생각한다. 적은 자리에 유사한 자격 조건을 가진 여성을 올리는 구조이어서, 여성들끼리 경쟁하게 되니 그런 말이 생겼을 것이다.

입장을 바꾸어 놓고 보면, 남성들 간에는 얼마나 많은 경쟁과 질투가 있는지. 같은 학교 출신들이 치고받는 경우도 있는데, 그런 상황에서 남성의 적은 남성이라는 말을 하지 않는다. 남성이 전부를 구성했던 시기에도 남성의 적은 남성이라는 말을 하지 않았다.

사회에 참여하는 여성의 수가 많아질수록 여성끼리의 경쟁이 아니라 남성도 같이 포함된 사람들 사이의 경쟁이 된다고 본다. 여성들 간에 동료를 만들었으면 한다. 지나다 보면, 여성은 남성들보다 조직 내에서 정보가 적기 때문에 제한된 시간을 할애하여 사람을 만나야 하는 경우, 많은 정보를 얻을 수 있는 사람, 나에게 도움이 되는 사람에게 시간을 할애하는 것이 전략적이고 보다 효율적이다.

그런 입장이라면 여성을 만나는 것은 전략적이지 않다. 개인적인 하소연이나 가정적 문제를 듣는 데 시간을 보내야 한다면 더욱 전략적이지 않다. 하지만, 서로 힘이 되어 주고 고비를 넘기며 직장 동료로서 오래 있는 것이 장기적인 측면에서 더 효과적이다. 여성동료를 장기적으로 힘이 되는 동료로 만들기 위해 정성과 공을 들이면 좋겠다. 그런 사람이 내가 되고 우리가 되기를 바란다.

박재영　　　손명희　이유경

조선경　　장은영

CHAPTER_ **04**

# 미래의
# 여성 공학인을
# 위한 조언

인생은 B와 D 사이의
C이다

## 박재영

SK 이노베이션 기술혁신연구원 선임연구원

● 　경희대학교 화학과 졸업 후, KAIST 화학과에서 석사 학위를 취득하였다. 이후 리히텐슈타인에 위치한 Ivoclar Vivadent에서 인턴 후 SK 이노베이션에 공채로 입사하여 현재 SK 이노베이션 산하 기술혁신연구원에서 다양한 석유화학 제품들의 Technical Service 및 신규 제품 개발 업무를 담당하고 있다. 그 외에 신입사원이나 여성 연구원들 간의 모임 등 다양한 멘토 활동을 진행하고 있다.

# 선택이 선택한 나의 인생 ——•

사회생활을 시작한 지 올해로 10년차가 되었습니다. 아직은 이렇다 할 거창한 성공 스토리는 없지만 제가 했던 고민들과 지나고 나서야 비로소 알게 된 사실들을 편하게 얘기해 주고 싶은 마음에 이 글을 씁니다.

누군가 이런 말을 했다고 한다. 인생은 B(Birth)와 D(Death) 사이의 C(Choice)라고. 우리는 살면서 수많은 선택을 하고 살아간다. 나 역시 지금의 나를 만든 건 내 지난날들의 크고 작은 선택이라 믿지만, 돌이켜 보면 그 선택이 항상 명쾌했거나 내 마음에 꼭 들었던 것은 아니었다.

유년 시절 나는 예체능에 소질이 있어 교내외에서 열리는 다양한 노래 대회, 피아노 대회, 체육 대회에 참가했었고, 상도 꽤 많이 받았었다(그때만 해도 내가 화학과를 나와 연구원으로 일하게 될 줄은 꿈에도 몰랐으리라). 담임 선생님께서는 성악을 해 볼 것을 진지하게 권하셨고, 유명한 선생님을 소개해 줄 테니 꼭 찾아가 보라고 말씀하셨다.

그때만 해도 예체능은 특별한 아이들만 하는 줄 알았고, 나는 평범한 사람이니 당연히 공부를 해야 한다고 생각했던 것 같다. 그리고 남들이 많이 가지 않는 길에 대한 막연한 두려움도 있었다. 결국 그 선생님을 찾아가지 않았고, 그렇게 첫 번째 갈림길에서 나는 어찌 보면 다소 소극적인 선택을 했다.

이후 고등학교 1학년을 마치고 '이과' 혹은 '문과'라는 또 한 번의 선택의 기로에 놓였고, 나는 '이과'를 선택했다. 그 무렵 나의 '장래희망'은 '기자'였기 때문에 문과가 더 적합했지만 그 당시 나는 '국어/영어' 점수보다 '수학/과학' 점수가 높고 이과가 취업률이 더 높다는, 지금 생각해 보면 말도 안 되는 이유로 이과를 선택하게 되었다. 내가 하고 싶은 것보다 내가 잘하는 것을 선택했지만 꿈과 멀어지는 선택을 하는 것은 물론 쉽지 않았고, 이 선택은 그 이후로도 가끔씩 날 불안하게 만들었다.

대입 수능시험을 치르고 그렇게 나는 대학교에 진학했고, 수능 점수에 맞춰서 학교와 과를 선택했다. 그렇게 선택된 화학과에서의 공부는 생각보다는 흥미로웠다. 그러나 1학년 말미에 다다라 왠지 모를 미련에 다시 신문방송학과로 전과를 신청했다. 당시 학점이 좋은 편이라 면접에 참석하면 전과가 충분히 가능했으나 고민 끝에 결국 면접 시험장에 가지 않는 선택을 했다. 변화가 두려웠고, 새로운 길에 대해 도무지 엄두가 나지 않았다. 그렇게 나는 원래대로의 길을 가게 되었고, 대학원 진학 이후 지금의 회사에 입사하여 사회생활을 시작하게 되었다.

돌이켜 보면 유년 시절, 내 선택이 만들어 냈던 화학이라는 울타리 안에서 내가 뭘 하고 싶은지 정확하게 몰랐던 것 같다. 정말 이 공부가 좋은지, 내가 정말 하고 싶은지 등 깊은 고민 없이 학점을 따기 위해 열심히 공부했고, 공부하다 보니 할 만했고, 성적도 그럭저럭 잘 나왔고, 그래서 나에게 맞는 분야인가 보다 생각했고, 그러다 대학원에까지 진학하고 취업하게 된 것이다.

지금까지의 내 선택을 보면 "내가 삶을 살아왔다"는 표현보다 "선택에 의해 삶이 살아졌다"라고 표현하는 게 더 어울릴지도 모를 정도로 수동적인 선택을 하며 살아왔다. 지금까지 오는 데 많은 선택이 있었지만 그 선택들이 최선의 선택이었다고도 생각하지 않는다. 그러나 생각해 본다. 수많은 인생의 갈림길에서 수동적인 선택과 때로는 즉흥적이었던 선택, 변화가 두려워 택한 선택으로 점철되었던 내 삶이 현재의 행복한 나를 만들 수 있었던 이유에 대해서….

## 선택과 선택 사이의 무엇 _____•

회사에 들어오고 나서도 첫 해에는 많이 방황했었다. 선택의 결과가 늘 만족스러울 수는 없기에 해외로 유학을 갈까, 의학대학원에 진학할까 등 현재의 일에 집중하지 못하고, 새로운 선택을 찾아다녔다. 그러던 어느 날 나의 고민을 선배와 이야기하던 중 선배가 나에게 물었다. "지금 하고 있는 일, 지금 가진 것을 포기한 것을 후회하지 않을 만큼 현재의 일에 최선을 다해 봤냐?" 대답은 "아니오"였다.

그리고 선배와 헤어지고 집으로 돌아오는 길에 깨달았다. 갈팡질팡했던 입사 후의 삶이 현재의 일에 대한 집중을 흐리게 만들었고, 이 일을 제대로 볼 수 없게 만들었다는 것을. 새로운 선택에 대해 머릿속으로 고민만 했지, 행동으로 실행하지도 않은 채 가만히 앉아서 불평 불만한 하며 시간을 보내고 있었다는 것을. 입사 후 갈팡질팡했었던 것은 지난날의 내 선택들에 대해 내가 자신이 없었기 때문이라는 것을.

비록 수동적인 선택들이었지만 인생의 절반이 넘는 기간 동안 살아오면서 선택한 길에 대해 자신이 없었다라는 생각이 들자 자존감이 크게 떨어졌다. 하지만 아무 행동도 하지 않고 집 나간 자존감이 되돌아오기를 마냥 기다릴 수는 없었다. 나는 선배 말대로 나중에 후회하지 않도록 최선을 다 해 내 일을 깨끗하고 분명하게 바라보기로 마음 먹었다.

당시 내가 맡고 있던 프로젝트는 대학원 때 해 보지 않았던 전혀 새로운 분야였다. 하지만 나는 포기하지 않고, 모르는 것이 당연하다는 생각으로 사내에 전문가들을 수소문하여 직접 찾아다녔다. 지금 생각해 보면, 신입사원이 모르는 팀 과장, 부장님들께 직접 연락해서 이것저것 물어보는 것이 그분들 입장에서는 황당하기도 하면서도 참 당돌하고, 적극적인 신입사원이라고 생각했을 법하다.

그 당시 나의 사수였던 부장님은 당연히 못 할 것이라고 생각하고 일을 줬는데, 계속 완성해 와서 많이 놀랐었다고 그때의 일을 회상했다. 그렇게 하나하나 어려운 점들을 해결해 나가다 보니 자연스럽게 자신감이 붙었고 일이 재미있게 느껴졌다. 야근도 참 많이 했었는데, 그것이 힘들게 느껴지지 않을 정도였으니 말이다.

그렇게 일을 하다 보니 얼굴 표정도 많이 달라졌다. 주변을 대하는 태도도 많이 바뀌게 되었고, 이는 자연스럽게 동료들이 나를 대하는 태도도 바꾸었던 것 같다. 팀장님께서는 신입사원이 들어오니 팀 분위기가 완전히 달라졌다며 나를 우리 팀의 비타민이라고 하시며, 많이 좋아하신 기억이 난다.

그렇게 내 일에 제대로 눈동자를 맞추고 스킨십하며 2년이라는 시간이 흘렀을 때는 내 일이 나의 완벽한 이상형처럼 느껴지는 이상한 (?) 경험을 하게 된다. 2년 전까지만 해도 매력 없게 느껴지던 내 일과 삶이, 2년이 지난 후에는 완전히 달라져 있었다. 내 자존감을 떨어뜨렸던 내 과거의 선택들도 더 이상 그렇게 느껴지지 않았다. 아니, 오히려 운명처럼 느껴졌다. 웃기지 않는가? 과거의 선택은 바뀐 것도 없는데 말이다.

이 일을 계기로 내 과거를 돌이켜 보니 과거의 선택과 선택 사이에 있었던 나의 노력과 성실함이 보이기 시작했다. 선택은 분명히 수동적이고, 현실에 타협적이었으며, 때로는 즉흥적이기도 했다. 그러나 언제나 선택 이후를 대하는 내 자세는 노력이었으며, 성실함이었다. 선택에 책임을 지려고 묵묵하게 노력했으며, 성실하게 순간순간을 대했던 내 태도가 지금의 나를 만들었다고 자부한다. 물론 선택 후 방황했던 순간도 있다. 하지만 주변의 좋은 사람들(이 자리를 빌려 다시 한 번 감사를 드린다)과 일관되고자 노력했던 선택에 대한 내 자세 덕분에 그 기간이 길지 않았던 것 같다.

그리고 연차가 올라가면서 나는 다양한 부서로부터 이동 제의를 받았다. 이동을 제의한 부서들도 기획, 전략, 영업 등 다양했다(이공계를 나와서 갈 수 있는 분야가 생각보다 많더라). 물론 나는 아직 나의 선택으로 연구직에 있다. 그리고 이제는 알고 있다. 선택 이후 보인 노력과 성실함이 그다음 선택의 기회를 더 다양하게 열어 주었다는 것을. 비록 선택은 하나일지라도.

인생은 B와 D 사이의 C(Choice)라고는 하지만, 나는 알고 있다. 그리고 그대들도 명심했으면 좋겠다. "Choice"를 "Chance"로 바꿀 열쇠도 이미 당신이 가지고 있다는 것을. 이 글을 읽는다면 오늘은 내 열쇠가 어디에 있는지 한번 찾아보는 것은 어떨까?

# 나와 같은 고민을 하고 있을 후배들에게 ____.

나 또한 부족함이 많은 선배이지만 학창 시절 선택의 갈림길에서 내가 했던 행동들, 회사에 들어와서 느꼈던 것들을 돌이켜 보면 이렇게 얘기해 주고 싶다.

## 가만히 앉아서 얻을 수 있는 것은 아무것도 없다

선택의 갈림길에 있다면 머릿속으로 고민만 하지 말고, 행동으로 실천하라. 가만히 있는 것은 정말 편하고 관성이 있어서 한번 시작된 무의미한 시간들은 길어지기 십상이다. 혼자 이겨 내기 힘들다면 주변에 도움을 요청해도 좋다. 가만히 앉아서 얻을 수 있는 것을 아무것도 없다. 또 누가 나의 인생을 대신 선택해 주지 않는다.

행동을 선택하라. 이미 선택하고 시작된 상황에 돌입했다면 후에 후회 없이 미련 없이 스스로를 마주할 수 있도록 최선을 다하자. 물론 항상 성공적일 수도 없고 이따금 결과가 좋지 않을 수 있지만, 최선을 다했다면 스스로에게 당당할 수 있다는 큰 위안과 또 다른 선택과 선택 이후의 나의 행동에 분명 좋은 영향을 줄 것이다.

## 마음가짐이 모든 것을 좌우한다

일도 삶도 적극적으로 임해라. 항상 긍정적으로 생각하고, 사람들을 진심으로 대해라. 어찌 보면 너무 당연하고, 교과서적인 이야기로 들릴지도 모른다. 하지만 이러한 마음가짐이 삶을 살아가는 데에 있어서 정말 중요하다.

매사에 일관되기는 쉽지 않다. 가끔씩은 좋지 않은 일이 생길 때도 있고, 하기 싫은 일이 주어질 때도 있다. 그러나 그럴 때마다 나는 어차피 해야 하는 거라면 '투덜'거리면서 하는 것보다는 '흥얼'거리면서 하려고 노력한다. 왜냐하면 같은 일을 하고도 투덜거리면서 하면 같은 결과물을 내고도 좋은 소리를 듣지 못하는 경우가 많다(그리고 후자가 본인의 정신 건강에도 좋다).

스티브 잡스가 스탠퍼드(Stanford) 대학 졸업 연설에서 이런 말을 했다고 한다. "You can't connect the dots looking forward; you can only connect them looking backwards. So you have to trust that the dots will somehow connect in your future(여러분은 앞을 내다보며 점들을 연결할 수는 없습니다. 지나고 난 뒤에야 비로소 그것들을 연결할 수 있을 뿐이죠. 그렇기 때문에 여러분은 각각의 점들이 미래에 어떤 식으로든 연결될 거라는 사실을 믿어야만 합니다)."

지금 당장은 내가 이 일을 왜 해야 되는지, 나의 커리어에 도대체 무슨 도움이 될지 이해가 가지 않을지도 모른다. 하지만 지나가고 돌이켜 보면 결국 지난날 했었던 많은 일들이 지금 내 일을 하는 데에 밑거름이 될 것임을 지나고 나면 비로소 알게 될 것이다. 그러니 그렇게 믿고 우선 받아들이고, 긍정적인 마음가짐으로 최선을 다해서 일단은 그 일을 멋지게 해내라!

### 항상 프로답게 행동하라

사람의 얼굴 표정과 사람의 말은 많은 것을 담고 있다. 일을 함께하다 보면 표정 관리가 되지 않는 사람들을 종종 본다. 사회에서 일을 하다 보면 내가 원하지 않는 일이나 어려운 일들이 주어지는 경우가 있다. 이때 이 일을 받아들이는 마음가짐의 차이에 따라 얼굴 표정이 흐트러지는 경우가 많다. 간접적으로 이 일이 하기 싫다는 이야기를 얼굴로 표현하는 것이다.

본인의 의지와 상관없는 일을 맡게 되었다고 인상을 쓰고, 눈도 안 마주치고, 말도 안 거는 경우도 더러 있다. 그러다 보면 그런 사람에게는 일을 통해 스스로를 드러내 보일 수 있는 기회가 점점 줄어들게 된다. 스스로를 더 고립시키게 되는 것이다. 결국 그런 사람은 같이 일하기 어려운 사람, 이기적인 사람으로 낙인 찍혀서 결국 도태되고 만다.

만약 주어지는 일이 부당하다고 느껴진다면 그 근거와 함께 본인의 생각을 이야기해 상대방과 대화를 하면 된다. 차분한 어조로 상대방에게 나의 상황과 내가 부당하게 느끼는 이유를 말로 잘 설명하면 되지, 굳이 얼굴 표정을 흐트러트릴 필요가 없는 것이다. 상대방에게 자신의 불만을 설득력 있게 말할 수 없는 정도의 불만이라면, 본인이 일을 대하는 태도를 한번 점검해 보길 바란다.

그리고 상대방에게 전달할 수 없는 불만이라면 뒤에서도 불평불만 섞인 말을 하지 않는 것이 본인을 고립시키지 않는 길이다. 프로답게 행동하라는 것은 자신의 행동에 책임을 질 수 있도록 하라는 뜻이다. 내 얼굴과 말 그리고 행동에 책임을 지기 위해서는 스스로를 자주 되돌아보는 시간을 가지는 것이 도움이 될 것이다.

# 글을 맺으며 ____.

저도 아직은 배울 것이 많고 갈 길이 멀다는 것을 알고 있습니다. 서툴고 부족한 점이 많지만, 항상 긍정적으로 생각하고 프로답게 행동하려고 노력하며 살고 있습니다. 일을 대하는 태도는 삶을 대하는 태도의 연장선에 있다고 생각합니다. 본인이 현재 삶을 대하는 태도를 거울삼아 미래의 일하는 내 모습을 상상해 볼 수도 있겠네요.

부디 후회 없는 태도로 삶과 일을 대하고 있는 여성 연구원이 많아지길 기원합니다. 제가 앞서 나간 여성 선배님들께 많은 도움을 받았듯이 중·고등학생, 대학생, 또는 사회 초년차 후배님들이 이 글을 읽고 조금이나마 공감을 하고, 힘을 얻기를 바라며 이 글을 마칩니다.

미래를 만들어 갈
여성 후배들을 위해

손 명 희

한국전자통신연구원 책임연구원 / ㈜텔레스퀘어 기술자문 부사장

현재 판교에 있는 텔레스퀘어 부사장으로 ICT융합 교통솔루션에 대한 기술자문
과 신산업 창출을 위한 블록체인 PoC개발업무를 맡고 있다. 충남대학교에서 항공우주공학
을 전공하고 컴퓨터공학으로 석사 학위를, 정보통신공학으로 박사 학위를 받은 후, 1998
년부터 유무선통신시스템 개발 및 2007년 이후 10년 이상 자동차/교통/에너지 분야에서
융합 기술을 연구하고 있다. 2008년 세계최초 신호등연동 공회전 자동제어기술을 개발
하였고 동 기술로 출연연에서 가장 우수한 연구원에게 준다는 산업기술연구회 이사장상을
2009년 수상하였다. 2011년 스마트에코텍을 창업후 개발한 에코디지털운행기록장치로
2012년 중소기업진흥공단 이사장상을 수상하였다. 2012년부터 재능기부로 초중고 학생
들을 대상으로 현장에서 들려주는 진로멘토링 활동을 하고 있다.

'구슬도 꿰어야 보배'라는 말처럼 공학기술도 사람을 위해 사용되지 않으면 가치가 없다! 미래를 만들어 갈 후배들이 모든 결과의 최우선 요구조건이 사람임을 잊지 않기를 바라며, 엔지니어의 기본 인성은 정직이라는 사실을 명심하고 자신이 너무 좋아서 미칠 수밖에 없는 일을 찾아 열정을 다하길 바란다. 자신의 일에서 희열을 느낄 후배 여성 엔지니어들이 당당하게 세상을 살아가기를 바라는 마음으로 이 글을 적는다.

## 콩코드! 열여덟, 내 심장을 뛰게 하다 ____.

성모여고 시절 한밭도서관에서 우연히 접한 콩코드! 나는 이 초음속기의 매력에 푹 빠졌다. 그래서 여성이 거의 없는 항공우주공학과

2003년 11월 26일 역사 속으로 사라진 세계 최초 상용 초음속 여객기 Concorde(출처: 위키피디아)

에 입학했고, 한 개의 공학 문제를 풀기 위해 일주일을 도서관에서 씨름하다 결국 답을 찾았을 때의 그 희열을 지금도 기억한다. 전액 장학금을 받으며 항공과를 1등으로 졸업해도 기업체에서는 남성만을 원하던 시대, 6개월간 방석을 두 개 깔고도 엉덩이뼈가 나무에 부딪칠 정도로 열심히 고시공부를 했으나 시험을 시행하지 않는 국가에 배신당한 기분으로 절망했던 나는 그래도 포기하지 않았다.

대전이 집인 내가 학교 앞에 방을 얻고 매일 새벽 별똥별을 보며 컴퓨터공학을 대학원에서 공부했다. 그리고 연구소 생활을 하면서 나는 인생에 두 번째 희열을 맛봤다. 내가 만든 통신프로토콜이 드디어 시스템에서 동작하는 순간, 나는 새벽이슬을 맞으며 하늘에 반짝이는 별빛을 따라 주차장으로 걸었다. 한 가지 일에 미친 듯이 빠져들어 풀리지 않을 것 같은 문제를 해결했을 때 맛보는 희열을 나는 지금도 느끼며 살 수 있으니 행복한 사람이다.

## 심장이 뛰는 일을 찾아라! ____.

7년째 초·중·고를 방문하며 진로 멘토링을 하고 있다. 심장이 뛰는 아이들의 눈빛은 살아 있다! 나는 학교에서 얘기해 주기 힘든 현실 이야기를 학생들에게 들려준다. 무엇보다 최근 ICT가 바꾼 세계의 부의 흐름이 지금까지 경험하지 못한 모습으로 변화하는 세상에 대한 정보를 들려주고 자신이 좋아하는 일 중에 미칠 수 있는 일을 찾으라고 조언한다.

어떤 여학생은 강연이 끝난 나를 찾아와 자신은 2가지 일이 모두 좋은데 어느 것을 선택할지 모르겠다고 어려움을 토로한 적이 있다. 나는 그 여학생에게 2가지 판단 기준을 제시했다. 첫째는 심장이 더 뛰는 일을 찾아라! 둘째는 더 잘하는 일을 찾아라!

사랑을 하면 심장이 뛰고 없던 에너지도 생기는 경험을 한 번쯤은 해 봤을 것이다. 심장이 뛰는 일은 나를 그 일 속으로 깊이 빠져들게 한다. 잠을 자도 문제를 해결하려고 늘 깨어 있고, 꿈속에서 답을 찾을 때를 대비해서 잠자리 곁에 노트와 펜을 둔다. 심장이 뛰는 일은 결코 나를 포기하지 않게 만든다. 일이 어렵더라도 포기하지 않으면 언젠가 사람이 해결하는 방식으로 일과 타협을 본다. 이게 노하우로 내 뇌에 기억된다. 나이가 먹어도 노하우가 쌓이니 인생이 두렵지 않다.

나이가 마흔을 훌쩍 넘기면 심장이 예전처럼 뛰지 않는다. 하지만 사회에 대한 책임감으로 묵직하게 누르는 느낌을 새로 경험한다. 나는 오늘도 내가 해야 할 일과 하지 말아야 할 일을 나의 심장 신호에 의지한다.


## 스펙이 아니라 실력이다! ____●

석사를 마치고 연구원에 취직한 나는 2년간 미친 듯이 상용코드를 분석하며 통신장비에 통신프로토콜SW를 안정화시키는 일을 했다. 프로토콜 개발을 주로 하는 나는 관련 분야로 박사 학위를 받아야겠다고 생각했다. 당시 카이스트나 미국으로 학위를 하러 가려면 연구소를 그만둬야 하는 상황이었다.

나의 영원한 멘토이신 카이스트 배충식 교수님은 "스펙이 아니라 실력이다."라는 말씀으로 연구소를 다니며 공부할 방법을 찾으라고 충고하셨다. 학교보다 연구소에서 배우는 게 더 많다는 것이 그분의 확신이었다. 말씀은 옳았다. 내 박사논문 주제도 결국 내가 연구소에서 개발한 아이템이었고, 덕분에 3년 반 만에 SCI논문 2편을 게재하며 파트타임으로 공학박사를 받았다. 그뿐만 아니라 내 기술은 지금까지도 십 년 넘게 꾸준히 레퍼런스 되는 논문이 되었다.

솔직히 우리나라는 실력보다 스펙이 빠르긴 하다. 하지만 세상은 변하고 있고 내가 실력을 가지고 있으면 적어도 직장에서 당당하게 살 수 있다는 점은 꼭 후배들에게 말해 주고 싶다. 문제는 너무 잘나갈 때 유혹에 빠지기 쉽다는 것이다. 이때 명심할 점은 엔지니어의 기본 양심, 즉 정직함과 사람을 사랑하는 마음이다.

내가 하는 일을 제대로 알고 해결할 수 있는 능력이 실력이다. 실력이 쌓이면 창의력이 생긴다. 창의력은 다시 나를 흥분되게 만들고 말수가 적어지며 약간 얼이 빠진 사람처럼 보이지만, 문제가 해결된 뒤의 희열은 끝내준다. 그리고 그 결과는 다시 노하우로 축적되어 나의 실력의 질을 향상시켜 준다.

젊음은 시간에 대해 자유롭다! 후배들에게 꼭 말하고 싶은 점은 시간에 대해 초조하지 말고 시간이 많이 걸리더라도 포기하지 않고 결과를 얻으라는 것이다. 실패하더라도 결과를 얻고 덮으라고 얘기하고 싶다! 실패도 내게 노하우를 선물해 준다는 점을 명심하기 바란다.

좀 더 쉽게 얘기하면, 기업에 취업하든 연구소에 취업하든 반드시 2

년 이상은 직접 코딩을 할 것을 권고한다. 코딩을 시간이 많이 걸리는 번거로운 일로 생각할 수 있다. 하지만 내가 코딩을 해 보고 밤을 새며 디버깅을 해 봐야 시니어 엔지니어가 되었을 때 제대로 설계할 수 있음을 꼭 명심하기 바란다.


## 두려워하지 말라!
## 때로는 몸에 힘을 빼고 시간에 나를 맡겨 보자 _____.

2007년은 나를 한 단계 변화시킨 해였다. 전 세계적으로 융합기술이 대두되었고, 늘 세계 최고와 최초를 요구하는 연구소에서 나는 둘째 아이를 출산하고 복귀한 박사라는 이유로 미래실로 발령받게 되었다. 개발자에서 기획자로 그리고 사업책임자로 내 커리어가 변했다.

드디어 콩코드를 봤을 때의 설렘을 실현할 수 있을 것 같았다. 학부 전공을 살려서 나는 ICT와 자동차를 융합해 보기로 했다. 내가 기획한 아이템은 내연기관 자동차의 연비를 향상시키기 위해 통신, 인공지능, 임베디드 기술을 자동차 공회전 제어에 융합하는 것이었다.

묵묵히 코딩만 하던 내가 많은 전문가 앞에서 개발할 기술을 소개하고 연구비를 얻기 위해 그들을 설득하는 일은 쉽지 않았다. 지금도 처음 발표하러 들어가기 전에 쿵쿵 요동치던 심장 소리를 생생하게 느낀다.

후배들에게 내가 해 주고 싶은 말은 '두려워하지 말라! 일이 발생하기 전에 스스로 공포에 사로잡혀 에너지를 소비하는 대신, 문제를 직시하고 순간순간에 집중하며 해결해 나가는 데 에너지를 소비하라'는 것이다. 실제로 대부분 평가위원은 내가 고민한 것보다 그 문제 자체를 깊이 이해하지 못하는 경우가 많았다. 오히려 두려워하기보다는 당당함으로 그들을 설득하기 위한 노력을 하라는 것이다.

가끔 실력보다는 감정을 건드려 흥분하게 만드는 경우도 우리나라 평가시스템에서는 종종 발생한다. 나도 많은 실수를 했다. 엔트로피가 증가할 수밖에 없는 세상은 어차피 공평할 수도 없다. 세상에 대해 불만을 갖는 데 에너지를 쓰기보다는 연구 방향에 대한 타협점을 찾고 자신이 하는 일에서 의미를 찾아 즐겁게 일하라고 말하고 싶다.

그렇다고 잘못된 일 앞에 무조건 침묵하라는 것은 아니다. 우리는 잘못된 일 앞에 당당하게 사실을 말할 수 있어야 한다. 가끔은 사람의 눈으로 당장 손해를 본 것처럼 억울한 일을 겪기도 하지만, 유한한 인생 끝에서 '그때 나는 멋졌다고' 지는 노을을 바라보며 미소 지을 수 있을 것이다.

## 사람 때문에 스트레스 받지 말라! ____●

직장은 아침부터 밤까지 양적으로나 질적으로나 많은 시간을 보내는 곳이다. 학교에 왕따를 시키는 아이가 있듯이 그 아이들이 그대로 성인이 되니 사회도 학교와 비슷하다고 생각하면 이해하기 쉬울 것 같다. 사람 때문에 스트레스를 받는 경우는 대부분 공평하지 않은 평가 시스템과 업무 할당으로 인한 억울함일 것이다. 순간을 보면 화가 나는 일이지만 멀리서 관찰하면 오히려 내가 타인으로부터 경쟁이 될 만한 가치가 있는 사람이라는 평가를 받고 있다는 것 아닐까?

솔직히 그 순간은 누구나 힘들 것 같다. 나도 마흔을 넘겼을 때 몇 차례 사람 때문에 고비가 찾아왔다. 평소 점잖고 믿을 만한 선배인 줄 알았는데 실적 앞에서 짐승이 되는 걸 여러 차례 보면서 '직장을 그만둘까?' 하고 심각하게 고민을 한 적이 있다. 그 시기를 넘길 수 있게 해 준 사람은 바로 내 사랑하는 딸이었다. 딸도 나중에 세상에서 비슷한 경험을 겪을 텐데 내가 그때 딸의 멘토가 되어 주려면 사람으로 인한 배신감으로 인한 스트레스를 극복하는 방법을 내가 찾아야 한다는 생각에서였다.

그리고 나는 후배들에게 먼저 그 과정을 지나온 선배로서 이렇게 말해 주고 싶다. 스트레스를 주는 사람으로부터 일단 멀리 떨어져라! 그리고 운동, 좋은 식사, 숙면을 취하며 면역력을 증강시켜라! 마지막으로 내가 미칠 수 있는 새로운 일을 찾거나 진행 중인 일에 좀 더 미치는 것이다. 절대로 술을 마시거나 다른 사람에게 불만을 토로하면서 해결하려 해 봐야 시간만 흐를 뿐 내 문제는 해결되지 않는다는 사실을 똘똘한 후배들은 기억해 주길 바란다.


## 급변하는 세상을 인지하고 미래를 준비하라! 당신도 억만장자가 될 수 있다! ──●

나는 책임감과 자존심으로 창업을 했던 것 같다. 2008년부터 2010

년까지 연구책임자로 수행한 사업이 속도전 우수 조기 종료를 하게 되었다. 나만 믿고 따라온 중소기업과 연구자들에게 미안했고, 처음 당하는 국가 평가시스템에 화가 많이 났다.

연구소에서는 사업이 종료되면 다른 사업을 수행해야 월급이 나오는 구조인데, 나는 연구소에 산업부 장관상 상금(3천만 원)을 타 왔으니 그 돈의 일부로 출장비만 지원해 달라고, 도로에서 우리가 만든 걸 한 번은 돌려봐야 하지 않겠냐고 고집을 부렸다. 지금은 그렇게 안 하겠지만 그때는 그만큼 그 일에 미쳐 있었다. 나의 고집 때문에 함께 일한 연구원들이 고생이 많았다.

우리나라에서 가장 혼잡도가 높은 곳 중 하나인 서울시 강남구 일대에서 시험을 했고 25%~29%라는 연비 향상 효과를 내 눈으로 확인했다. 사업평가결과에 대해 이의신청을 했다는 이유로 나는 찍힌 사람이 되었고, 사회적인 책임감에 앞서서 꼼꼼한 준비 없이 창업을 했던 것 같다. 창업자이자 회사 대표라는 자리는 나를 하루도 쉬지 못하게 했다.

처음 6개월은 내가 만들고 싶은 시스템을 누구의 간섭도 없이 할 수 있어서 너무 신났다. 연구소에서 했으면 2년 이상 걸렸을 일을 나는 6개월 만에 완성해서 차량 운행 시험을 했다. 월급을 받지 못하는 무보수 대표여도 행복했던 시간이었다.

하지만 이후부터는 현실이 닥쳤다. 매출은 아직 없고 특허로 기술보증에서 대출을 해도 대표자 연대 보증을 해야 했다. 시험 양산을 해 보니 PCB오류가 40%에 이른다. 1년이 되어 가니 점점 마이너스가 되어 가는 법인 통장의 잔고는 나를 위축시키기에 충분했던 것 같다.

나는 내가 왜 회사의 대표를 그만둬야 하는지를 10가지로 정리하고 고민 끝에 우리 기술을 갖고 싶어 하는 좀 더 큰 회사에 지분의 51%와 경영권을 넘겼다. 그래도 내가 창업자이니 내가 만든 제품이 쓰일 수 있도록 기술이전을 꼼꼼하게 해 줬다. 하지만, 그 회사는 3년 후 폐업하고 말았다!

지금부터 나는 후배들에게 창업에 대한 얘기를 해 보고자 한다. 급변하는 세상에 대해 얘기를 좀 해 주고 싶다. ICT기술은 우리에게 직업의 엄청난 변화를 가져오고 있다. 인터넷으로 연결된 정보의 힘으로 인해 현물사회와 달리 단가 책정이 어려운 가격 결정으로 인해 최근 세계 5대 부자 기업은 모두 SW 중심 기업이 차지하고 있다. 그리고 그들은 모두 창업자들이었다. 여러분들이 재벌의 가정에서 태어나지 않아도 이제 여러분은 재벌이 될 수 있다는 말이다.

월드 이코노믹 포럼 2016년 디지털 발표 자료에 따르면, 포춘 500 대기업이 1조 회사(유니콘기업)로 성장하는 데 소요되는 시간을 조사해 보니 20년이 걸렸다. 하지만 샤오미는 1.7년 만에 유니콘기업으로 성장했다. 에어비엔비도 2.8년 만에 1조 회사로 성장했다. 작년 4월 창업해서 9월 서비스를 런칭한 버드는 올 7월 시장가치 2조 2,300억 원 이상의 유니콘기업으로 성장하는 데 1년이 걸리지 않았다. 이 회사들의 비결은 사람을 이해하는 것이다. 좀 더 구체적으로는 소비자들을 정확하게 이해하고 있다는 점이다.

우리는 경제활동을 하기 위해 그 오랜 시간 학교에서 공부했다. 하지만 대부분 과학자들은 자신의 기술에 몰입한다. 일반 소비자들은 이해도 못하고 관심도 없는 기술인 경우가 많다. 단시간에 엄청난 부를 축적한 글로벌 기업들은 쇠퇴하지 않기 위해서 엄청난 비용을 지불하며 적극적인 M&A를 하고 있다.

최근 해외의 젊은이들은 직장을 구하는 대신 오히려 1인 창업으로 매출도 없이 M&A를 당하고 싶어 한다. 그들은 글로벌 기업에서 추구하는 기술 로드맵을 분석하고 로드맵상의 소비자들이 좋아할 만한 아이템을 가지고 M&A라는 낚시를 하기 위해 미끼를 놓는다.

이미 ICT로 인하여 실물 화폐나 환율은 비정상적으로 변화하고 있다. 우리는 이런 세상에 살고 있고, 우리 후배들은 나와 다른 환경에서 경제활동을 해야 한다. 변화는 기회를 반드시 제공한다. 변화라는 파도를 두려워하지 말고 즐기라고 말하고 싶다. 어차피 플랫폼 회사는 자본력에 의존하는 경우가 많다.

1인 창업시대가 몰려오고 있다. 내가 창업할 때만 해도 나는 그럴듯한 위치에 회사를 차려야 하는 줄 알았다. 하지만 지금은 생각이 바뀌었다. 온라인이 나의 시장이고 내가 앉아 있는 이 식탁이 나의 회사가될 수 있다. 더 이상 투자자들은 그럴듯한 회사 모습을 원하지 않는다. 오히려 고객의 반응에 더 큰 가치를 두고 있다.

그렇다고 1인 창업 상황에서 투자를 받는 것이 결코 쉽다는 것은 아니다. 이런 경우는 전시회라는 오프라인 마켓과 SNS라는 온라인 마켓을 적극 활용해야 한다. 그리고 작은 파이를 만들어 혼자 먹으려 하지 말고 큰 파이를 만들어 나눠 먹을 것을 조언한다.

실제로 기업을 운영하면 어려움이 많다. 혼자보다는 뜻이 맞는 동료가 한 명은 있어야 한다. 그래야 버텨 나갈 수 있다. 그 동료를 전시회나 온라인에서 만날 수도 있다. 글로벌 환경 속에서 더 많은 사람

2008년부터 3년간 나를 믿고 함께해 주신 박병준 박사님과 김경일 책임님과 함께

들 중에 나와 생각이 같은 사람이 한 명쯤은 꼭 있으니 파트너를 만나 함께 미치기 바란다. 오늘도 나는 창업을 꿈꾼다!

혼자 가지 말고
함께 가라

이 유 경

㈜현대종합설계 IIR디자인팀 부장

현재 ㈜현대종합설계 IIR디자인팀 부장으로 근무하고 있다. 홍익대 건축학과와
동대학원 석사, 서울시립대 도시공학과 박사 학위를 받았으며 간삼건축, 삼우건축 등에서
근무하였다. 서울시립대, 남서울대 등에 출강하며 건축설계를 가르쳤고, 예술마을 헤이리
지명건축가, 서울시 건설기술심의위원, 경기도 도시재정비위원, 여성건축가협회 이사 등으
로 활동하고 있다. WISET에서 주관했던 여성멘토링 프로그램 책임자로서 대학 건축과 여
학생들과 여성건축사들을 그루핑하여 진로, 학습 멘토를 수행한 경험이 있다.

"당신은 누구세요?" 누군가 묻는다면 대부분은 "무슨 일 하세요?"라는 뜻으로 이해하고 대답할 것입니다. 사회에서 처음 만난 사람에게 내가 내미는 명함은 현재의 나를 말하고 이력서는 내 삶의 역사를 말합니다. 나의 인생 스토리는 이렇게 일과 연결되어 있습니다. 다시 말해서 삶의 역사가 일을 중심으로 움직이는 것은 일이 세상과의 접점에 자리 잡고 있기 때문입니다.

내가 걸어온 길은 수많은 갈림길에서 내가 수십 번 고민하며 선택했든 남들이 많이 가는 길로 따라갔든 내가 남긴 발자국입니다. 현재 속해 있는 직장, 단체, 대학 등 부모, 형제 등 혈연관계 빼고는 내가 선택해서 소속된 집단입니다. 그 선택이 자의든 타의든 선택에는 많은 사연이 있겠지만 현재 우리 사회에서는 선택의 과정보다는 번듯한 직장, 출신대학, 직급 등 그 결과만 가지고 사람을 판단합니다.

그러다 보니 취준생의 대다수가 세상에 보이는 스펙 쌓기를 위해 많은 시간과 돈과 노력을 들입니다. 그 일이 진짜 내가 좋아서 선택한 것일 수도 있지만 남과 비교해서 좀 더 나은 위치에 있고 주변에서 인정해 주고 이왕이면 페이가 좋은 자리를 선호합니다.

저는 사회에 발을 디디기 시작하고 지금까지 약 30여 년의 세월 동안 한길만 걸어왔습니다. 그렇다고 한 직장에만 있었다는 뜻은 아닙니다. 여러 군데의 직장을 거쳤고 창업도 해 봤고 대학에서 강의도 했었습니다. 2년 정도는 육아를 위해 잠시 일을 쉬기도 했습니다. 하지만 대학 졸업 후 직장을 선택할 때 건축설계를 하겠다고 마음먹은 생각에는 변함이 없었기에 이 자리까지 왔다는 생각을 합니다.

처음 건축과를 입학하고 설계 과제를 진행하면서 들었던 생각은 '건축설계는 타고난 감각과 스케치 능력이 있는 사람이 절대적으로 유리하겠구나.'라는 생각과 '내가 너무 모르고 건축과를 왔구나.'라는 사실이었습니다. 제가 대학을 다녔던 1980년대는 컴퓨터가 아닌 손으로 모든 도면을 그려 내고 판넬을 완성해 내야 했기 때문에 그림을 잘 그리고 미적 감각이 있는 친구들이 단연 우세했습니다.

인터넷이 없었고 해외여행에 제약이 있던 시절이라 남들보다 많은 자료를 가지고 있고 선배로부터 많은 노하우를 전수받은 친구들이 유리했습니다. 그러다 보니 선배들이 운영하는 작업실이라는 곳에 들어가 온갖 잡일을 마다않고 밤을 새워 가며 선배를 도와주면서 그 대가로 선배들로부터 듣는 생생한 경험담과 판넬 완성 기술의 노하우를 자기 작업에 구현하는 친구들이 잘했습니다.

그런 학교 분위기 속에서 작업실에 소속되지 않고 그림 실력도 특출하지 않았던 저 같은 사람들은 주눅이 들 수밖에 없었지요. 하지만 그래도 '건축의 꽃은 설계다!'라는 생각으로 메이저 설계사무소에 공채 지원을 해서 설계시험을 치르고 당당히 합격하면서 설계에 대한 자신감을 갖고 첫 직장 생활을 시작하였습니다. 그리고 이것이 지금까지 설계를 계속할 수 있었던 큰 힘이 되었습니다.

회사 생활은 힘들었지만 당시에는 건축계가 호황이라 일감은 많았고 다양한 프로젝트를 경험할 수 있다는 것만으로도 즐거웠습니다. 하지만 몇 년이 지나고 신입사원들이 들어오면서 저도 경력에 맞는 역할을 해야 하는데 생각만큼 몸도 머리도 따라 주지 않았고, 고민하다가 좀 더 공부해야겠다는 생각에 퇴사를 결정하고 대학원을 진학하였습니다.

대학원에서 공부하며 어느 정도 심신이 충전된 상태에서 다시 설계사무소에 입사하였고 건축사시험에도 패스하였습니다. 그리고 내 생각이 100% 반영된 설계를 건물에 구현해 보고자 하는 욕심이 설계사무소를 오픈하게 하였고 10여 년 운영을 했습니다. 월급쟁이 생활을 하다가 내 사무실을 직접 운영하는 데는 장점과 단점을 골고루 갖고 있습니다. 가장 큰 장점은 내 시간에 대해서 나 스스로 컨트롤할 수 있다는 겁니다.

월급쟁이로 근무할 때는 개인 약속이 있어도 상사가 야근이 필요하다고 하면 이유를 불문하고 모든 걸 취소하고 따라야 했습니다. 저같이 친정, 시댁 어느 곳 하나 육아를 맡길 데가 없는 사람은 아이가 아파도 웬만하면 넘어가야 하고 잠시 병원을 다녀오려 해도 눈치가 보입니다. 개업하고는 시간 조절을 할 수 있다 보니 대학 강의도 할 수 있었고 자치구 심의위원으로 활동하면서 보다 다양한 경험과 경력을 쌓을 수도 있었습니다. 또한 건축사들만의 협회활동이나 조직에도 몸담으며 정보를 교환하고 친목을 다지기도 했습니다. 건축에서 업역을 넓혀 도시 분야 공부를 하면서 박사 학위도 받았습니다.

단점이라면 모든 것을 스스로 책임져야 하는 부담감과 직접 운영하면서 겪는 경제적 고충이 가장 큽니다. 설계 수주가 생각보다 쉽지 않고 현상설계로 수주 기회를 노려보려면 손실을 감수하고 어느 정도의 시간과 비용이 선투자되어야 하는데, 소규모 사무소에서는 감당하기가 쉽지 않았습니다. 매달 어김없이 돌아오는 월세와 관리비, 인건비로 고민하는 시간이 설계로 고민하는 시간보다 더 많아지고 그 짐이 버거워지면서 결국은 사업을 접었습니다. 세상의 눈으로 본다면 실패를 한 셈이지요.

하지만 비싼 수업료를 치른 10여 년의 광야 같은 사무소 운영 경험은 많은 것을 배우고 깨닫게 했습니다. 취업과 대학원, 건축사시험 등 한 번도 떨어져 본 적이 없던 교만했던 제게 겸손을 알게 했습니다. 다양한 배경과 분야에서 일하는 사람들을 접하며 사람 보는 눈을 넓히게 되었고, 웬만한 시련은 참고 견뎌 내는 인내심도 생겼습니다. 상황에 대처하는 능력과 일을 밀어붙이는 추진력도 길렀습니다. 잠시 휴식기를 보낸 후 결국 다시 설계사무소에서의 샐러리맨 생활로 돌아갔고 지금까지 근무하고 있습니다.

이것저것 많은 일을 해왔지만 결국 제가 했던 모든 일은 건축 설계와 관련된 것이었습니다. 개인사무소를 할 때는 물론이고 대학에서도 설계과목을 가르쳤습니다. 자치구에서는 건축심의위원으로 활동하며 건축허가받기 전 설계된 건물에 대해 건축계획, 도시적 관점 등의 자문의견을 주는 일이었습니다. 도시계획으로 공부를 했던 것도 결국 다양하고 큰 틀에서 건축물 설계를 하기 위한 시야를 넓히기 위해서였습니다. 이렇게 일을 해오다 보니 처음부터 이런 걸 염두에 둔 것은 아니었지만 소위 남들이 말하는 이력서가 보다 더 많이 채워지는 효과도 있었습니다.

## 나만의 무기가 필요하다 ____.

스펙이 화려한 이력서가 나를 대변해 주고 나를 평가해 주는 잣대다 보니 여기에 몰입하는 경향이 있는데, 처음부터 스펙을 목표로 둘 필요는 없습니다. 요즘은 취업을 위한 스펙 쌓기 때문에 졸업을 1-2년 일부러 늦춘다고 하는데 저의 경우 대학 졸업 당시 스펙이라고는 학사 졸업장밖에는 없었으니까요.

대학은 사회와 비교하면 그야말로 온실입니다. 이왕이면 거친 광야로 빨리 나와 사회와 부딪혀 보고 쓴맛도 맛볼 것을 권합니다. 여성의 경우 남성과 달리 군대 경험이 없기 때문에 조직에 적응하는 것이 더 어려울 수 있고 나이가 많아질수록 신입으로 취업하기가 남성보다는 여성이 더 불리합니다. 스펙은 일하면서 하나하나 만들어 가면 됩니다.

제가 30여 년 사회생활을 하면서 느낀 것을 공유하고 싶은데 여성 직장인으로 살아남기 위해서는 몇 가지 무기가 필요하다는 겁니다. 제가 30년 전 대학에서 한계를 느꼈던 스케치 능력은 이제 스케치업, 라이노 등의 컴퓨터 프로그램 툴을 사용하면 충분히 내 머릿속의 공간을 구현해 낼 수 있게 되었고, 설계하는 데 필요한 자료는 인터넷에서 얼마든지 무궁무진하게 수집할 수 있습니다. 기술적이고 지식적인 것들은 더 이상 무기가 아니라는 거지요.

남성들이 포진해 있는 이공계에서는 여성의 수가 적기 때문에 제 목소리를 내기 쉽지 않습니다. 그러기 때문에 나만이 갖고 있는 무기가 있어야 합니다. 조직에서, 집단에서 필요한 사람이 결국은 살아남기 때문이지요.

# 무기 하나, 여성만의 친화력과 부드러움 _____.

지금까지 이공계에서 살아남은 여성들은 거의 남성들처럼 치열하고 독하게 일하고 행동했습니다. 일의 양도, 성과도 남성 대비 1.5배는 되어야 남성과 비슷한 수준으로 인정해 주었기 때문입니다. 하지만 이제는 여성의 숫자도 많아지고 있고 남자들과 비교하여 객관적으로도 훨씬 실력 있고 스마트합니다. 그런데도 예나 지금이나 왜 10대 건설사 여성 임원은 4명밖에 없는 걸까요? 여성 직원 비율도 10% 남짓에, 급여도 많게는 남성 대비 3배까지 차이가 납니다. 왜 그럴까요?

우선은 육아 등으로 인해 일을 포기하는 것이 가장 큰 원인일 것이지만 생계를 책임져야 한다는 부담감이 남성보다 상대적으로 약하기 때문이기도 합니다. 또 근무 시간보다는 술자리에서 진짜 속 얘기를 하는 남성들 틈바구니에 잘 끼지 못하는 남녀 간 어쩔 수 없는 차이에 따른 관계의 불편함이 원인일 수도 있습니다.

어쨌든 이런 차이를 극복하기 위해서 저 같은 경우 여자라는 느낌보다는 오히려 아줌마 같은 푸근함으로 다가가니까 편하게 생각하더군요. 여자라는 이성은 벽을 치게 만들지만 아줌마는 편안하게 느껴지나 봅니다. 저도 젊을 때는 남자들에게 만만하게 보이고 싶지 않아 먼저 손 내밀기보다는 누가 다가와 줘야 반응하는 타입이었는데 괜한 자존심이었죠. 똑똑하고 빈틈없는 모습보다는 다소 어수룩하면서도 상대방을 챙길 줄 아는 사람에게 사람이 모이더라는 거죠.

세상에서 가장 위대한 승리는 사람의 마음을 얻는 것이라고 스페인

철학자 발타자르 그라시안이 말했습니다. 직장에서 확실한 내 편을 만들어 두는 것은 내가 어려울 때 든든한 지원군이 되어 줄 수 있습니다.

## 무기 두울, 확실한 어학 하나 ⎯⎯•

글로벌 시대에서 영어는 사실 만국 공통어가 되었습니다. 저도 진작에 영어 공부에 매진하지 못한 것이 지금 와서 많이 후회가 됩니다. 직급이 올라갈수록 언어를 능숙하게 했다면 더 많은 기회를 가지고 일할 수 있었을 텐데 하는 생각이 드니까요. 출장이든 해외 근무 등 기회가 왔을 때를 대비하여 준비해 두면 경력에 많은 플러스가 됩니다.

꼭 유학을 다녀오지 않더라도 요즘은 어학을 공부할 수 있는 환경이 잘 조성되어 있기 때문에 몇 년 안에 반드시 영어(혹은 다른 외국어)를 마스터하겠다는 목표를 실행에 옮겼으면 합니다. 어학습득능력이 남성보다 여성이 유리하다는 통계가 있듯이 매일 꾸준히 시간을 투자해 보세요.

그렇다고 영어만 잘하고 본연의 업무가 약하면 여성의 경우 한낱 문서정리업무만 하게 될 수 있으니 주의하세요. 예전 직장에서 하버드까지 나온 여직원이었는데 해외사와 협업하는 프로젝트에 단순 레터 작성과 번역 업무만 투입되더니 결국 본인이 못 견디고 퇴사한 걸 봤습니다.

앞으로는 점점 더 외국과 손잡고 인터넷을 통하여 국경 없이 일할 확률이 높아질 것이기 때문에 적어도 영어만큼은 자유자재로 구사할 수 있는 능력이 필요합니다.


## 무기 세엣, 나만의 전문 분야 ____.

누구나 자기 전공이 있을 겁니다. 그 전공학과를 나온 사람은 직장에 넘칠 거고요. 하지만 전공의 전문적인 한 분야 고수는 많지 않습니다. 저의 전공을 예로 들면 건축설계를 전공한 사람은 많지만 공장 설계 전문가는 많지 않습니다. 더구나 저희 회사같이 자동차 공장 설계 전문가는 아주 적습니다. 현재 초고층 빌딩도 설계하고 있는데, 역시 국내에 100층 이상 초고층 경험이 있는 설계 전문가는 아주 소수입니다. 그래서 몇 년 전에는 초고층빌딩을 수행했던 설계사 직원들을 다수 스카우트했었습니다.

직장이나 연구소에서 프로젝트를 경험한 것이, 혹은 대학원에서 특정 분야 논문을 쓰며 연구한 것이 내가 장착할 무기가 될 수 있다는 생각으로 철저히 공부하고 깊이 연구해서 내 것으로 만드세요.


## 인생 이력서를 관리하며 함께 가라 ____.

한때는 유명한 건축가가 되고 싶기도 했고 돈을 벌 수 있는 집장사나 인테리어 쪽으로 방향을 틀어 볼까도 생각했었습니다. 하지만 지

개인사무소 운영 시 설계 · 감리했던 인천시 고교 강당 및 교사동

개인사무소 운영 시 설계 · 감리했던 가평 단독주택

금의 저는 유명한 건축가도, 큰 부자도 아닌 평범한 직장인에 불과합니다. 세상의 눈으로 봤을 때는 크게 성공한 사람은 아니지만 이런 제 자신에 대해 후회하지는 않습니다. 건축설계를 해야겠다는 30년 전의 꿈을 가지고 나의 전공을 살려 지금껏 잘 버티며 한 분야에만 매진해

왔고 지금도 일하고 있으니까요.

나의 명함, 나의 이력서가 그동안 일해 온 흔적을 말해 주고 있습니다. 하지만 이력서에 나타나지 않는 중요한 것이 있습니다. 내 주변에 어떤 사람들이 있는가 하는 네트워킹입니다. 유유상종이라고 했던가요, 생각이나 가치가 비슷한 사람끼리 어울려 다니는 것은 인간의 습성이지요.

제가 지금까지 버틸 수 있었던 것은 혼자가 아니라 함께하는 사람들이 있었기 때문입니다. 같은 업에 종사하는 선배 여성들은 내가 고민하고 힘들어하는 일을 똑같이 경험했기 때문에 교류를 통한 그분들의 조언과 경험담이 많은 힘이 되었습니다. 교회 집사님들은 반찬도 싸 주시고 애도 봐 주시며 일하는 저를 위해 기도해 주셨습니다. 또래 여성건축사들은 직장에서 겪는 갈등에 대해서 같이 고민해 주고 극복할 수 있는 방법을 제시해 주었습니다. 그러면서 자연스럽게 관계 형성도 되고 인생의 좋은 친구도 만나게 되는 것 같습니다.

신은 인간 혼자서는 행복을 누릴 수 없도록 만들었습니다. 여성 공학인끼리의 단합이 중요합니다. 서로 더 격려해 주고 도와주면서 후배를 키워 주고 선배를 따르다 보면 여성 임원도 더 많아지고 여성이 활동할 수 있는 환경도 더 좋아질 거라 생각합니다. 한 예로 제가 소속된 여성건축가협회는 여성이 건축 전반의 영역에서 활동할 수 있도록 기회를 제공하고 정보를 교환하며 정기모임으로 친목을 다지며 선후배가 교감을 나누는 장을 마련해 줍니다.

여성공학기술인협회, 여성과학기술인총연합회, 여성기술사회, 여성건설인협회 등 다양한 협회에 참여하고 활동하며 친목을 다져 나가는 것은 내가 이 바닥에서 버틸 수 있는 힘이 되기 때문입니다. 물론 혼자서도 잘할 수 있습니다. 하지만 함께 있으면 더 잘할 수 있습니다. 또 내가 가진 것을 나누어 주고 도와줄 수 있는 기회도 많이 생깁니다. 내 작은 노력이 누군가에게 조금이라도 보탬이 될 때 저는 행복하더라고요.

빨리 가려면 혼자 가고 멀리 가려면 함께 가라고 했습니다. 포기하지 말고 좋은 사람들과 함께, 겉으로 보이는 이력서만 추구하기보다 인생 이력서도 관리하면서 꿈을 향해 인생 여정의 길을 가는 여성 공학기술인이 되었으면 좋겠습니다.

나답게!
창의적으로 살자

장은영
KT Convergence 연구소 수석연구원 / 창의성 Coach 1호

● 　고려대학교 통계학과, KAIST 산업공학과를 졸업하고, KT에 입사해 20년 넘게 연구원으로 일하고 있다. 창의성과 관련한 오랜 실무 경험과 이론적 지식을 두루 갖춘 창의성 박사다. KT에서 R&D 기획 및 전략 업무와 6시그마와 창의 경영 등 혁신 프로그램을 연구소에 도입하여 제도화했으며, 최근에는 신사업 개발이라는 도전적이고 창의적인 업무를 주로 수행하고 있다. 업무 이외에도 후배 양성에 관심이 많아서, 커리어 코칭 및 멘토링 활동을 하고 있다. 저서로는 『창의성이 뭘길래?』가 있다.

# 여성 직장인으로 살아간다는 것 ____ •

인공지능이라는 단어로 대표되는 4차 산업혁명 시대가 왔다. 여성 대통령이 나오고 공무원 시험이나 사법·외무·행정 고시 등에 합격하는 여성의 비율이 기하급수적으로 증가하고 있다고 하지만, 여전히 여성 직장인으로 살아간다는 것이 수월하지 않다. 특히나 공학이라면 더욱 어렵다.

하물며 내가 대학을 다니던 때는 더욱 그랬다. 공대 대학과 대학원에서는 여성의 비율이 5%가 채 안 되었다. 나 역시 여성이 거의 없는 학교생활을 당연하게 생각하며 다녔었다.

대학원에서 산업공학을 전공했던 나는 'KT 품질보증단'으로 발령났다. 1990년대임에도 불구하고 200여 명 남짓한 직원 중 여성이라고는 단장님 비서와 국장님 비서 2명뿐, 여성 연구원은 1명도 없었다. 출장이 잦고 주로 협력업체들과 일해야 하는 업무 특성상 여성에게 적합하지 않다고 생각했던 것인지, 내가 그 기관의 최초 여성 연구원이었던 것이다.

여성이 적다는 것은 많은 불편함을 준다. 선배나 동료가 적다는 것은 직장에서 여성이 어떻게 성장해 나가야 하는지 잘 모른 채, 스스로 개척해 나가야 한다는 것을 말한다. 여성 선배가 없었기에 난 남성들과 같아지려고 부단히 노력했다. 그 당시 우리 부장님은 내게 이런 말을 했었다. "넌 여자이기 때문에 남자보다 2배 이상 노력해야만 같은 능력으로 인정받을 수 있어."라고 말이다.

난 더욱 노력했다. 며칠씩 가야 하는 수많은 시외출장을 소화하는 것은 물론, 그들이 담배를 피러 나가면 그들의 세계에 동화하고 싶어 함께 따라 나갔고, 늦게까지 회식하더라도 절대 먼저 집에 가지 않았다. 그들과 똑같이, 아니 그들보다 더 잘하려고 노력했으나, 똑같을 수 없다는 것을 알았다.

하지만, 지금 생각해 보면 그 조직에서의 경험이 남성 중심의 사회에서 어떻게 살아남아야 하는지를 자연스럽게 익히게 된 기회였던 것 같다. 내가 품질보증단을 떠나 연구개발본부로 조직을 이동할 때까지 6년 동안 여성 연구원은 없었다.


## 함께할 동료와 멘토가 필요해 ____.


앞에서도 언급했듯이, 나의 입사 초기에 여자 선배는 커녕 동료도 없었다. 상대적으로 연구개발본부는 여성 선배들과 연구원들이 많았기에 그들을 부러워하며 조직 생활을 시작했다. 내가 연구개발 조직으로 이동한 후에 비로소 여자 선배들을 만날 수 있었다.

기대했던 여자 선배들의 모습은 딱 2가지로 요약되었다. 한 가지는 남자들과 유사하게 거칠고 와일드한 모습이었으며, 다른 한 가지는 소위 "여성스럽다"(이 표현이 맘에 들지는 않지만, 일반적으로 사람들이 말하는 의미로서의 여성스럽다고 생각할 경우를 말함)는 말에 어울리는 모습이었다. 남성 중심 사회에서 살아남기 위한 방법이었으리라 생각되었지만, 그 어느 것도 내가 닮기에는 어려운 모습들이었다.

적은 수의 여성 연구원들이었으나 그들은 모두 열심히 살고 있었다. 결혼하여 갓난아기가 있는 사람, 아이가 유치원에 다니는 사람, 초등학교에 다니는 사람, 중학교나 고등학교에 다니는 사람 등 점차 다양한 모습의 여성 연구원 선배들이 생겼다.

결혼하고 아이가 자라면서 생기는 온갖 다양한 가정생활의 문제로 지치면서도 회사 업무에 철저히 노력하는 선배들의 모습을 보았다. 내가 선배들의 당당한 모습만으로도 보고 배우며 힘을 얻는 것처럼, 이런 철저한 선배들의 모습은 "내가 직장 생활을 하는 것만으로도 후배 여성들에게 힘이 될 수 있겠구나."라는 생각을 하게 만들었고, 이러한 생각은 지금까지도 나를 직장 여성으로 살 수 있도록 힘을 주었다.

나 역시, 아기 키우며 직장을 다닌다는 것이 쉽지만은 않았으나 열심히 살아냈다. 지금은 우리 집에서 제사를 지내고 있어서 많이 간소해지고 편해졌지만 아이가 어렸을 때는 시할아버지, 시할머니가 계시는 시골에 가서 제사를 지냈었다. 종손의 맏며느리라는 자리였기에 평일에 제사가 있더라도 빠진다는 것은 꿈도 꿀 수 없었다. 퇴근하여 애들을 데리고 천안으로 가서 밤 12시에 제사 지내고, 설거지까지 끝낸 후 서울 올라오면 3~4시경이 된다. 몇 시간 자고 다시 출근하는 것을 1년에 10번도 넘게 해 왔다.

이런 생활도 직장 여성이기 때문에 겪어야 하는 무수히 많은 어려움 중 하나였다. 어려움을 겪을 때마다 나를 단단하게 해 주었던 것은 주변 동료들이었다. 때로는 주변 동료들이 겪는 어려움과 해결책을 보면서 그것이 내 미래 모습이기도 했기 때문에 도움이 되었다. "이런 상황에서는 이렇게 행동하고, 저런 상황이 오면 저렇게 극복해야지!" 하는 요령도 생기고 때로는 힘과 위로를 받기도 하였다.

내가 그들의 선배가 되어 힘이 되기도 하였으며, 앞으로도 힘이 되기를 바란다. 요즘에도 종종 여성 동료들에게 말하곤 한다. "그대들이 있어서 아이 키우며 이 힘든 회사 생활을 극복할 수 있는 힘이 생겼고, 그대들이 있어서 하루하루가 행복하다."고 말이다.

따라서 함께할 동료와 멘토를 만들기를 적극 권한다. 그래야 힘든 회사 생활도 슬기롭게 극복할 수 있고, 행복할 수 있기 때문이다. 멘토는 나의 든든한 정서적 지지자가 된다. 늘 내게 "잘했다"는 인정과 함께 긍정적 에너지를 줄 수 있기 때문이다.

내 경우에는 다행스럽게도 주변 동료들이 좋았으며, 더 다행스럽게도 가까이 있는 언니가 나의 롤 모델(Role model)이자 멘토(Mento)였다. 삶의 태도를 행동으로 보여 주었으며 내가 본받고 싶은 사람이다. 그녀는 항상 내 편이었으며, 내가 힘들고 지쳐 있을 때 늘 힘을 주었고, 자신감을 불어넣어 준 사람이다. 멘토가 있으면 삶의 방향을 바로 세울 수 있고, 행복해질 수 있다.


## 여성의 강점을 더욱 강하게 ____.

2000년대 중반에 나는 KT R&D의 방향성을 정립하고, 과제선정과 R&D성과를 평가하는 업무를 맡고 있었다. 각 연구소 팀장들과 유기적인 관계를 유지하면서도 좀 더 객관적인 방법의 R&D평가 시스템을 개발해야 했으며, 그들을 설득하여 혁신적인 평가제도를 도입해야 했기에 연구소 팀장들을 만날 기회가 많았다.

연구개발 조직에 70여 명의 팀장이 있었음에도 불구하고, 보직을 맡고 있던 여성 팀장은 고작 5~6명 내외였다. 그런데 특이한 일은 팀장 바로 밑에서 주도적으로 일해야 하는 차석 자리에는 여성이 15명도 넘었다.

왜 그럴까? 대체적으로 여성들이 일을 잘하기 때문에 그 팀에 없어서는 안 될 필수 인력이기는 해도, 조력자일 뿐이지 리더로서의 역할을 맡기지 않겠다는 것으로 보였다. 이런 현상은 여성 연구원들이 거의 50%에 육박하고, 여성 임원도 많아진 요즘까지도 나타나는 현상인 것 같아 아쉽기만 하다. 좀 더 여성들이 자신을 드러내고 당당해졌으면 좋겠다.

차석이 많다는 것은 여성이 소통 능력이 뛰어나기 때문에 팀장과 팀원들 간의 중간자 역할을 훌륭히 해내고 있다는 사실을 반증하는 것으로 볼 수도 있다. 힘과 노동이 필요했던 3차 산업혁명 시대는 갔으며, 여성 특유의 감성과 소통 능력이 필요한 인공지능 시대가 왔다. 여성들의 강점인 감성과 소통능력을 발휘할 때가 온 것이다.

소통을 잘한다는 것은 조직 생활에 있어서 엄청난 장점이다. 소통능력은 상대방이 무엇을 원하는지 잘 알 수 있으며, 나의 의견을 제대로 전달할 수 있는 강력한 무기이기 때문이다. 감성과 소통능력을 충분히 발휘하기 위해서는 우선 자신이 일과 삶에서 원하는 것이 무엇인지 고민하고, 목표를 분명히 함으로써 자신만의 강점을 개발해 나가야 할 것이다.

여성이든 남성이든 조직에서는 무엇보다 일로서 인정받는 것이 중요하다. 일로 인정받으려면 내 분야에서 전문가가 되어야 한다. 전문

가라고 하면 어떤 일이 주어졌을 때 무리 없이 그 일을 해결하는 사람을 말할 것이다. 어떤 분야이건 전문가가 되려면, 소위 1만 시간이 필요하다고 한다. 1만 시간은 하루 3시간씩 10년 동안 공부해야 하는 결코 작은 시간이 아니다. 우리 스스로가 전문가가 될 수 있도록 끊임없이 공부하고 노력해야 하겠다.

전문가가 되기 위한 좋은 방법은 내 분야의 직무나 관심 분야의 책을 꾸준히 읽는 것이다. 물론 잡지나 신문 기사 등도 좋다. 온라인 교육도 있고 동영상도 전문가 공부를 위한 좋은 자료가 된다. 요즘엔 원하기만 하면 자료는 넘쳐난다. 전문가들의 강연도 자주 들으러 다니자. 학습도 좋지만 업무 경험은 더욱 중요하다. 전문가를 만드는 것은 경험이다. 입으로만 떠들고 경험이 없다면 전문가가 될 수 없다. 조직에서 수행하는 업무 하나하나는 경험을 하기에 아주 좋은 현장이다. 실제 업무를 수행하면서 겪는 일들은 어느 것과도 바꿀 수 없는 아주 귀중한 경험들이므로 업무에 충실하자.

여성들의 특징 중 하나가 대체적으로 충실하다는 점이다. 맡은 일을 철저히 해내며 책임감도 높다. 이런 특징을 최대한 활용하여 꾸준히 전문가가 되기 위해 노력하자. 열심히 수행하다 보면 의미 없어 보이던 것들도 하나하나 쌓이고 쌓여 자신의 전문성에 도움이 될 것이다.


## 창의적으로 살아간다는 것 ____.

내가 무슨 일을 해왔으며, 현재 무슨 일을 하고 있든지 간에 관계없이, 지금까지 열심히 살아왔다는 것에 충분히 스스로 격려해 줄 필요가 있다. 우리는 너무 자기 칭찬에 인색하다. "열심히 일한 당신, 떠나라"는 광고 카피처럼, "열심히 일한 여성 직장인이여, 현재 충분히 잘하고 있습니다."라는 칭찬을 듬뿍 해 줘도 좋을 것 같다.

훌륭하고 멋진 선배들을 본받는 것은 중요하다. 하지만 "나"는 "나"일뿐 다른 사람이 될 수 없으므로, 나다운 모습으로 열심히 살 때 결국 가장 행복할 수 있다. 그러므로 나답게 살도록 노력해야 한다. "나답게 산다는 것은 있는 그대로의 나를 받아들이는 것"이다. 다른 사람의 관점으로 나를 바라보면 늘 부족함을 느끼게 된다. 열심히 그리고 충분하게 노력했다면 그것으로 족한 것이다.

우리 모두는 각자가 나름대로의 삶을 열심히 살고 있다. 어느 누구도, 심지어는 쌍둥이조차도 똑같은 삶을 살 수 없다. 각자가 자신의 삶을 개척해 가며 독창적으로 살고 있는 것이다. 자신의 삶을 충실하게 살아가는 것, 그 자체가 창의적인 삶이다.

지금까지 살아온 나의 삶의 모습이, 다른 사람과는 다른 창의적인 삶의 모습으로 비쳐지기를 기대한다.


나답고 당당하게!
나는 나의 삶을 창의적으로 살고 싶다!
나만의 삶을 개척해 가는 것!
이것이 창의적인 삶이기 때문이다.

여자 공대생,
기술사 되다

조 선 경
고양시청 팀장

● 　　　1995년 2월 한국해양대학 해양공학과 졸업하였으며, 1994년 5월부터 1995년
11월까지 한국해양기술에 근무하였고, 1996년 3월 8일 고양시청으로 발령받아 현재까지
근무하고 있다. 2007년 9월 토목시공기술사 시험에 합격하였고, 2010년 8월 연세대학교
공과대학원 토목공학전공 석사학위를 취득하였으며, 한국건설기술인협회에 토목·수자원
개발·상하수도 분야 특급기술자이다.

직장 생활은 나에게 생계며 철저한 삶의 전부였다. 그러나 지금은 즐거운 나의 일터이자 미래이다. 이젠 내 후배들도 즐거운 직장 생활과 꿈이 실현될 수 있는 터전이 되었으면 하는 바람이다.


## 그땐 그랬지 ____.


1980년대에서 1990년대 초반, 공대생들은 취업이 잘되었습니다. 성적이 우수한 대부분의 고등학생들은 이과를 선택했고, 공과대학에 들어갔습니다. 그때 당시나 요즘이나 취업은 중요한 문제여서 자신의 적성에 상관없이 대학을 선택했던 것 같습니다.

당시 딸 많은 시골 종갓집이었던 우리 집은 여자가 배워서 뭐하나 그냥 적당히 공부하다 돈 벌어서 시집이나 가라는 분위기로 부모님은 딸들을 대학에 보내지 않으려고 했기에 저는 정말 악착같이 공부해서 장학생으로 대학에 들어가야 했습니다.

지금처럼 수시나 정시로 여러 대학을 선택할 수 있는 것이 아니라 오로지 한 대학을 선택하고 그 대학에서 치러지는 시험 한 번에 모든 것이 결정되는 학력고사 시대였기에 어떤 과를 졸업하면 어떤 일을 하게 되는지 모르고 그냥 성적과 형편에 맞추어 대학을 선택 했습니다. 그렇게 국립대학인 한국해양대학교에 전액 장학생으로 입학하게 된 것입니다.

취업을 위해 들어간 대학이지만 여자 공대생에게 취업의 문은 좁았습니다. 남자 공대생들에게는 취업의 문은 활짝 열려 있었지만 여자 공대생에게는 서류 전형에서 조차도 허락되지 않았습니다. 같은 공부를 하고 같은 대학을 나왔음에도 공대생들의 취업문은 남자들에게만 허락되고 있었습니다. 당시 건설업은 호황으로 서울 주요 거점에 본사를 둔 건설 회사들이 많았습니다. 웬만한 건설사에 취업지원서를 제출했지만 거의 모두 서류 전형에서 탈락하고 말았습니다.

## 그래서 공직의 문을 두드리다 ____.

그래서 공직의 문을 두드렸고, 공직에서는 차별받지 않고 일할 수 있을 거라 생각했습니다. 그러나 공직에서의 균등한 기회는 시험을 치를 수 있고, 시험 성적에 맞추어 들어갈 수 있다는 것뿐이었습니다. 당시 건설업 호황으로 대부분의 취준생들은 보수가 적은 공무원보다는 대부분 일반 회사를 택했던 시기였습니다. 지금처럼 공무원이 인기 있는 시대가 아니었기 때문에 웬만큼 공부하면 공무원 시험에 합격할 수 있었습니다.

그렇게 공무원 시험에 합격하고 공직 생활을 시작했습니다. 그러나 공직사회에서도 여자 토목직은 처음이고 생소한지라 토목직으로 입사했음에도 불구하고, 토목직 일이 아닌 행정 관련 일이나 노점상이나 인허가 업무 등 토목직과 관련 없는 업무를 맞게 되었습니다. 상사와 동료들은 토목직 여자라는 이유만으로 불편해했으며, 같이 일하기 꺼려했습니다. 토목직 업무는 특성상 비상근무가 많은 직렬이라 여직원이 감당하기 힘들다고 판단했던 거죠.

토목직 일이 아닌 다른 업무를 주었고 토목직 업무와는 점점 멀어졌습니다. 또한 진급을 하거나 좋은 자리를 갈 때 여자는 가장이 아니고 나이가 어리다는 이유로 동기들보다 뒤쳐졌으며, 나중에는 늦게 들어온 후배보다 진급이 늦어졌습니다. 공직사회도 여자에 대한 차별이 만연하였고 가뜩이나 기술직 여직원에 대한 공정한 평가는 기대할 수 없었습니다.

## 그럼에도 불구하고, 여자라는 이유로 _____.

그럼에도 불구하고, 여자라는 이유로 계속 아웃사이더로 돌 수만 없으며 토목직이니 토목직 관련 업무를 하여야 한다고 생각했습니다. 당시 토목직이 아닌 인·허가나 단속 업무를 담당하면서 스스로 토목직 업무를 자청하여 공사업무와 함께 두 사람 몫의 일을 했습니다.

그렇게 인허가 업무와 함께 소규모 공사 업무를 담당하게 되면서 공사감독으로서 저는 현장에 입성했습니다. 그러나 현장 사람들도 여성 공사감독이 처음이다 보니 엄청 무시하였습니다. 소규모 공사이다 보니 많게는 10 ~ 30개 정도의 현장을 감독했어야 했는데, 검수나 보고 없이 일이 진행되었고 심지어 현장대리인도 공사감독을 무시하였습니다.

한번은 말도 안 하고 준공서류를 집어넣는 업체가 있어 준공 못해 준다고 싸우고, 현장에서 검수도 없이 레미콘을 타설하려고 하여 레미콘 업체에 검수 못해 준다며 내 목소리를 내기 시작했습니다. 이래

저래 울보에서 점점 독기 오른 싸움닭으로 변하기 시작했습니다.

그 당시는 여자가 토목을 전공하고 그것을 업으로 해서 일하는 것, 그 자체만으로 사람들의 이목을 집중시키는 시대였습니다. 지금은 여성 토목직이 많이 들어와 여자 후배들이 많이 있지만, 당시 여성 토목직은 우리 시뿐 아니라 다른 시에서도 흔한 존재가 아니었습니다. 교육을 가면 많은 토목직들 사이에 혼자 여성일 경우가 많았습니다. 제가 여성 토목직으로서 전 공직사회에서 처음이 아니겠지만, 제가 몸담고 있는 이 조직에서는 여성 토목직 공무원은 제가 처음이었기에 단지 그 이유만으로 사람들의 이목이 집중되었지만 배려받지는 못했습니다.

대학에서도 여자 공대생은 여자가 아니라는 등 하면서 투명인간 취급을 받았는데, 직장에서는 토목직 여성이라는 이유로 그냥 주목받았습니다. 그러나 기회는 남자들과 균등하지 않았습니다. 그 시대에 그리고 지금도 계속되고 있는 남녀 차별은 이 바닥에서는 유독 좀 심하다고 생각됩니다.

여성은 결혼하고 애 낳으면 제대로 일을 하지 못한다는 분위기 때문에 둘째 낳고 휴직할 때 엄청나게 비난을 받았고, 1년 휴직했던 것 때문에 진급에서 제일 늦었으며, 복직 후 아줌마라는 이유로 담당 팀장으로부터 엄청난 구박을 받았습니다. 사실 애를 돌봐야 하는 상황으로 그 당시 맞벌이를 할 때 육아와 가정은 여자들의 몫이 컸고, 애들 맡기는 기관에 지정된 시간에 데리러 가야 했기 때문에 야근과 비상근무를 할 수 없는 상황은 같이 근무하기를 꺼려할 수밖에 없었습니다.

# 관두고 싶었던 마지막 순간,
# 여성 토목시공기술사에 도전하다 ____.

정말 관두고 싶었던 적이 여러 번 있었습니다. 처음 공무원 사회에 들어왔을 때, 둘째를 가졌을 때, 휴직하고 나서 복직했을 때. 배려 없는 직장 생활이 너무 힘들고 어려워서 '이렇게까지 해야 하나….' 하면서 많은 고민을 했습니다. 그러나 복직을 하면서 새롭게 마음다짐을 했습니다.

어느 영화에선가 이런 대사가 있습니다. "오래가는 것이 강한 것이다.", 그래 오래, 끝까지 버텨 보자. 토목직 최초 여성 공무원으로서 이왕이면 멋지게 다른 남자 직원들보다 일도 잘하고 능력 있는 공무원이 되자. 그러려면 좀 내세울 만한 자격증을 가져 보자.

복직할 당시 어머니께서 애들을 돌봐 주셨기에 일주일에 한 번 기술사학원을 다니면서 그동안 못했던 공부를 시작하게 되었습니다. 정신없이 애 키우며 집, 직장만 오가다가 공부한다고 학원도 다니게 되니 처음 1년은 너무너무 재미있게 공부했습니다. 계속 시험에 떨어져 지쳐 가던 중, 역시 오래가는 것이 강하다고 했던가, 기술사 시험 1차를 8번 만에 붙었습니다. 그리고 2차 면접에 통과하기까지 5년 만에 기술사 시험에 합격했습니다.

정말 기뻤습니다. 내 자신의 가치를 높이고 토목직으로서 최고가 되자. 그러려면 우선 토목직으로서 최고라 할 수 있는 자격증을 한번 따 보자. 그렇게 결심하고 공부해서 5년 만에 정말 7전 8기로 기술사 시험에 합격한 것입니다.

다른 기술사보다 토목시공기술사는 많이 있지만, 여성 토목시공기술사는 드문 것이 현실입니다. 기술사란 관련 분야에서 현장 경험과 능력이 풍부한 자가 가질 수 있는 최고의 자격증으로, 박사에 버금가는 자격증이라고 생각합니다. 근데 여성이 현장 경험을 쌓을 수 있는 여건이 갖추어지지 못한 상황에서 기술사 자격증을 가지고 있다면 일단 현장에서 다른 시선으로 바라봐 주고 무시당하지는 않고 있습니다.

## 마지막 당부의 말 ____.

그런데 기술사가 되었다고 모든 차별이 사라진 것은 아닙니다. 단지 토목직에서 일할 기회를 균등하게 제공받을 수 있는 것뿐입니다. 지금도 나는 여성 토목직이 아닌 그냥 토목직이 되기 위해서 계속해서 노력하고 있습니다.

그렇게 오래 버티다 보니 그래도 우리 공직사회는 애 키우면서 직장 생활하기 많이 좋아졌습니다. 여성 토목직도 많이 늘었고, 일할 때 그래도 일 못하는 남자 직원보다 그냥 일 잘하는 여직원하고 일하는 게 낫다는 분위기도 어느 정도 조성된 것 같습니다. 토목직에 대한 남녀 간의 차별이 완전히 없다고는 할 수 없지만, 예전처럼 이유 없이 여자라는 이유만으로 배제되는 경우는 거의 없어진 것 같습니다.

남자, 여자가 애 낳는 것 빼고는 하는 일에서 차이는 없다고 생각하지만 세상은 그게 아니었습니다. 여성이라는 이유만으로 기회조차도 주어지지 않았으나, 여성이라는 이유로 차별받지 않는 조직이 될 수 있도록 오래오래 이 조직에서 버티어 왔습니다. 그게 남자가 주를 이루고 있는 이 분야에서 내가 할 수 있고 내 후배들에게 해 줄 수 있는 일이라 생각하기 때문입니다.

예전에 애 낳은 아줌마는 조직에서 죄인이었지만 지금 애 낳으면 승진할 때 더 유리합니다. 그렇게 조금씩 사회가 변해 가게 만든 건 어렵게 오랜 시간 견디어 온 선배들이 있기 때문이며, 앞으로는 여자라는 이유만으로 차별받지 않고 공정한 기회와 정당한 평가를 받을 수 있는 경쟁 사회가 될 것입니다.

단지 여자라는 이유만으로 기회조차 주어지지 않는 차별받는 사회에서 모든 여자 공대생들도 당당히 공정한 기회를 갖고 그 능력을 펼칠 수 있도록 여자 공대생들이여, 우리 오래 끝까지 살아남읍시다.